Weihnachten

Plätzchen, Stollen, Glühwein & alles,
was die Adventszeit schöner macht

Weihnachten

Plätzchen, Stollen, Glühwein & alles, was die Adventszeit schöner macht

Christina Kempe | Christa Schmedes
Fotos: Klaus-Maria Einwanger

Inhaltsverzeichnis

Alle Jahre wieder kommt die Weihnachtszeit

Wenn es draußen kalt wird, die Tage kürzer werden und die ersten Schneeflocken lustig durch die Luft tanzen, beginnt eine Zeit, die wir immer wieder aufs Neue herbeisehnen. Der Advent steht endlich wieder vor der Tür. Er lädt uns ein, nach und nach zur Ruhe zu kommen, der Hektik des Alltags den Rücken zu kehren und gemeinsam mit Familie und Freunden die schönen Seiten der Vorweihnachtszeit zu genießen.

Alle schmücken gemeinsam die Räume mit Tannengrün, Mistelzweigen, bunten Kugeln, Engeln und vielem mehr, um es sich zu Hause so richtig gemütlich zu machen. Dann haben auch Nikolausstiefel und Adventskalender ihren großen Auftritt. Und vielleicht bekommen auch die ersten Geschenke eine hübsche Verpackung, denn das schönste Fest des Jahres naht in großen Schritten. Vor allem aber zieht es uns – immer der Nase nach – in die Küche. Denn von dort strömt uns ein unglaublich verführerischer Duft entgegen: Feinstes Gebäck wird aus dem Ofen gezogen, selbst gemachte Leckereien in Gläser gefüllt – und dazu werden himmlische Menüs geplant. Also von wegen graue Wintertage! Advent und Vorweihnachtszeit haben viel Schönes zu bieten.

Die Backstube ruft

Um während der ganzen Advents- und Weihnachtszeit bestens mit Gebäck versorgt zu sein, können Sie bereits Anfang/Mitte November Stollen und Früchtebrote backen, weil beides gut in Alufolie eingepackt an einem kühlen Ort mehrere Wochen ruhen muss, um das volle Aroma zu entfalten. Mürbeteigplätzchen und Makronen sollten Sie dagegen erst später in den Backofen schieben, da sie schnell feucht und weich werden. Immer wichtig: Am besten jede Kekssorte (völlig ausgekühlt!) separat in eine luftdicht verschließbare Dose aus Kunststoff oder Blech stecken. So verbinden sich zum einen die unterschiedlichen Aromen nicht und zum anderen behält jede Sorte ihre Konsistenz. Dabei zwischen jede Plätzchenlage ein Stück Pergament- oder Butterbrotpapier legen. Soll das Gebäck mürbe werden oder bleiben (wie z. B. Lebkuchen), etwas Apfelschale oder ein Apfelstück mit einpacken. Die Dosen an einen kühlen, trockenen Ort stellen, sonst trocknet alles trotz guter Umhüllung aus und verliert an Aroma.

Also fix im Buch blättern, Lieblingsrezepte raussuchen und eine Einkaufsliste schreiben. Weihnachtliche Backzutaten wie Nüsse, getrocknete Früchte, Gewürze (z. B. Piment, Zimt, Anis oder Lebkuchengewürz), Backtriebmittel wie Pottasche, Hirschhornsalz sind jetzt meist problemlos zu bekommen. Falls doch nicht, einfach vorbestellen. Oder nach Gusto durch eine ähnliche Zutat ersetzen: etwa Mandeln durch Haselnüsse, Orangenmarmelade durch Aprikosenkonfitüre, Alkohol durch Obstsäfte, Orangeat oder Zitronat durch getrocknete Aprikosen. Alle Grundzutaten wie Mehl und Zucker gibt es sowieso rund ums Jahr in jedem Supermarkt.

Was Sie allerdings nicht überall erhalten – besonders hübsches und ausgefallenes Deko-Material in unglaublicher Vielfalt wie Glitter, Goldstaub, Non-Pareilles (bunte Zuckerkügelchen), Lebensmittelfarben (flüssig oder pulverisiert), Dekor-Gel oder kandierte Blumen. Eine besonders große Auswahl finden Sie bei Anbietern im Internet (Adressen siehe S. 158). Damit verziert machen Plätzchen richtig was her. Wer aber nicht genügend Zeit hat, lässt die Deko einfach weg. Die Plätzchen schmecken trotzdem genauso gut.
Ist alles besorgt, kann geknetet, gerührt, geschlagen und gebacken werden. Einfach die genauen Anleitungen im Rezeptteil und diese Grundregel befolgen, dann gelingt Ihnen alles: Für Mürbeteig immer kalte Zutaten verwenden, für Rühr- und Hefeteig sollten sie zuvor Zimmertemperatur annehmen.

Geschenke der anderen Art

Plätzchen, Stollen & Co. sind um Weihnachten herum die Renner in der Küche, allerdings dicht gefolgt von einer Fülle kulinarischer Köstlichkeiten, die hübsch eingetütet oder eingeglast als kleine selbst gemachte Mitbringsel nicht nur Feinschmeckerherzen höher schlagen lassen – ob knackige Schokolade mit ganzen Nüssen und kandierten Veilchen, aromareicher Glühweinsirup, rubinrotes Granatapfelgelee, satte Weißweinschalotten, gaumenschmeichelnde Gänserillettes oder Feigensenf. Und dabei ist alles ganz einfach gemacht, ab und zu braucht es nur ein bisschen Geduld, da beispielsweise Eingemachtes durchziehen muss. Die genauen Zeiten stehen beim jeweiligen Rezept, so lässt sich die Zubereitung entsprechend planen. Und, pssst!, nicht alles verschenken, sondern das eine oder andere Glas ins heimische Regal stellen…

Hüttenzauber zu Hause

Was gibt es Herrlicheres, als bei klirrender Kälte drinnen bei warmem Kerzenlicht dem Knistern des Kaminfeuers zu lauschen. Wohlig in eine kuschelige Decke gewickelt lässt sich der Abend mit einem Glas heißen, dampfenden Glühwein gemütlich und in aller Ruhe beschließen. Noch schöner ist es, wenn Sie die vorweihnachtliche Stimmung nicht alleine genießen, sondern einfach ein paar gute Freunde einladen und sie mit Bratäpfeln, Winterwaffeln und Punsch verwöhnen. Was, das reicht nicht!? Weitere Rezepte für den heimischen Hüttenzauber finden Sie ab Seite 136 – alle sind völlig unkompliziert und im Handumdrehen gemacht.

Die wichtigsten Zutaten

Eier Sie machen Teige feinporig und saftig, geben Farbe und Luftigkeit. Für Bindung sorgen sie etwa bei Farcen für Pasteten und Terrinen. Dabei ist immer wichtig, dass die Eier frisch sind (1–2 Wochen alt, also Mindesthaltbarkeitsdatum minus 21–14 Tage), nur so entstehen 1-a-Ergebnisse. Eier gibt es im S- bis XL-Format, in den Rezepten werden Eier der Größe M verwendet (außer es ist anders angegeben). Bei Rührteig und Hefeteig zimmerwarme Eier verwenden, damit der Teig gut gelingt, sonst kalte nehmen.

Zucker Weißer (Haushalts-)Zucker ist in verschiedenen Korngrößen im Handel – je nach Hersteller variiert die Bezeichnung auf der Packung. Je feiner der Zucker, desto eher verbindet er sich mit einem Teig oder einer Masse und hinterlässt später keine braunen Punkte im Gebäck. Zudem löst er sich oder schmilzt besser (gut beim Karamellmachen). Gemahlener weißer Puderzucker ist der feinste seiner Art. Brauner (Roh-)Rohrzucker verleiht Farbe und zarten Karamellgeschmack.

Dicksaft, Sirup, Honig sind alternative Süßungsmittel, die mehr Aroma geben. Je besser die Qualität, desto intensiver der Geschmack.

Gewürze und Aromen Gewürze am besten erst kurz vor dem Gebrauch kaufen, weil bei längerer Lagerung die Aromen verfliegen. Besonders beliebt: Vanille. Verwendet wird vor allem das Mark der fermentierten Schote (am besten ist Bourbon-Vanille). Gemahlene Vanille wird aus der getrockneten ganzen Schote gewonnen. Da echte Vanille nicht ganz billig ist, wird auch künstliches Aroma hergestellt und flüssig, pulverisiert oder in Form von Vanillinzucker angeboten.

Mehl Mit weißem Weizenmehl Type 405 entstehen aufgrund des hohen Stärke- und Klebergehalts die besten Backergebnisse. Sie können aber auch mal Weizenmehl mit der Type 550 und helles Dinkelmehl Type 630 probieren.

Kulinarisches in 3 Gängen

Das Highlight an Weihnachten – ein Menü, das alle gleichermaßen beglückt. Damit nichts schief geht und alles klappt, rechtzeitig überlegen, wer mit von der Partie ist. Danach das passende Menü auswählen – etwa ein vegetarisches Menü, wenn die Gäste weder Fisch noch Fleisch mögen. Anschließend gleich notieren, was wann eingekauft werden muss/kann (gerade an Feiertagen wie diesen ist vieles schnell vergriffen). Schreiben Sie mehrere Einkaufszettel: einen für alles, was man rechtzeitig vorbestellen sollte; einen zweiten für alles, das sich länger hält und ein paar Tage vorher gekauft werden kann wie Dosen- und Glasware oder Getränke (Auswahl siehe Kasten in der rechten Spalte); einen dritten für den Einkauf am Festtag oder am Tag vorher – mit allen Lebensmitteln und Zutaten drauf, die möglichst frisch besorgt werden sollten, zum Beispiel Brot, Salat oder Kräuter.

Ist der Einkauf erledigt, gibt es nur noch zwei Dinge zu beachten: Um den Festabend ohne Hektik und Stress gemeinsam mit den Gästen genießen zu können, alles vorbereiten, was geht. Zwischendurch auch das Tischdecken nicht vergessen! Mit der Planungshilfe bei jedem Menü ist das überhaupt kein Problem. Und für die letzten Handgriffe kurz innehalten, tief durchatmen und das Menü in Ruhe vollenden.

Getränke fürs Menü

- **Aperitif** Sekt, Crémant, Prosecco, Cava oder Champagner – gut gekühlt; Martini bianco oder rosso mit oder ohne Eis; Sherry gekühlt; Aperol oder Johannisbeerlikör (Cassis) mit Prosecco oder Weißwein aufgefüllt; eisgekühlter Bellini.

- **Weine** Auswahl entsprechend dem Menü – entweder für jeden Gang einen anderen Wein oder durchgängig nur eine Sorte wählen; leichte Weiße (z. B. Pinot Grigio, Grüner Veltliner) mit 8–10° servieren, vielschichtige schwere Weiße (z. B. Chardonnay) und Roséweine mit 12°, einfache junge Rote (z. B. Valpolicella, Pinot Noir) mit 14°, kräftige junge Rote (z. B. Cabernet Sauvignon, Bordeaux) mit 16° und schwere gereifte Rote (z. B. Barolo) mit 18°. Immer wichtig: Die Flasche vorher öffnen und prüfen, ob der Wein korkt. Muss sich der Rotwein entfalten, den Wein in eine Karaffe umfüllen.

- **Bier** Helles Bier und Pils sind die beliebtesten Alternativen zu Wein – auch alkoholfreie Sorten mit in den Kühlschrank stellen.

- **Wasser, Säfte, Limos** Für ausreichend Mineralwasser gegen den Durst sorgen – naturell oder mit Kohlensäure; an Fruchtsäfte und Limonaden für Kinder denken.

- **Digestif** Immer gerne gesehen – Grappa oder Obstbrand; auch sehr fein – Brandy oder Cognac; tut dem Magen gut – Kräuterlikör.

Alles geht ganz einfach – mit dem richtigen Handwerkszeug

Damit Gebäck und Menü gelingen, ist es nicht nur wichtig zu wissen, was man wann am besten wie macht. Auch eine gute Küchenausrüstung trägt zum Gelingen bei. Diverse Kochtöpfe und Schneidemesser, eine große und kleine Pfanne (auch beschichtet), ein Arbeitsbrett, Schneebesen, Küchenwaage (am besten digital mit Zumessfunktion), Pürierstab, Messbecher, Rührschüsseln in unterschiedlichen Größen (am besten stabile aus Metall, die die Wärme gut weiterleiten, wenn man sie fürs heiße Wasserbad benötigt), Nudelholz, Handrührgerät mit Schneebesen und Knethaken, Backpinsel und ein Backblech gehören zur Standardausstattung.

Trend zum Zweitblech

Wer gerne und viel bäckt, sollte sich ein zweites Backblech anschaffen (eventuell größenverstellbar). So kann die erste Ladung Plätzchen gebacken werden, während Sie für die zweite neue Motive aus dem Teig ausstechen. Alternative: Plätzchen auf Backpapier legen und dann aufs wieder frei gewordene Blech ziehen.

Richtig flexibel

Eine perfekte Alternative zu Backpapier ist eine rutschfeste Back-Arbeits-Matte aus silikonbeschichtetem Glasfibergewebe (die hält im Ofen bis 250° aus), von der sich gebackene Plätzchen genauso gut ablösen lassen wie vom Backpapier. Die Matte ist zudem ideal als Arbeitsunterlage. Teige oder Marzipan kleben aufgrund der glatten Antihaft-Oberfläche beim Ausrollen nicht fest. Die Matte darf auch mit ins Tiefkühlfach (bis -50°). Und da sie so flexibel ist, kann sie beim Aufrollen von Biskuitrouladen mithelfen. Im Handel gibt es die Matten mit und ohne Maßeinheiten, Markierungshilfen und vorgezeichneten Kreisen sowie in verschiedenen Größen, auch eckig und rund.

Mehrfach einsatzbereit

Mit einer langen Palette mit elastischem Stahlblatt können Sie nicht nur Mürbeteigzutaten klein hacken, sondern den Teig beim Ausrollen immer wieder von der Arbeitsfläche abheben, damit er nicht anklebt. Ein guter Ersatz ist eine große Teigkarte oder ein großes Messer.

Herzen, Tannenbäume und mehr

Mürbeteigplätzchen bestechen nicht nur durch ihre Konsistenz, sondern auch durch eine ansprechende Optik: Mit Ausstechformen lassen sich aus der Teigplatte hübsche, witzige oder elegante Plätzchen ausstechen. Ausstechformen aus Metall haben eine wesentlich schärfere Kante als die aus Plastik und durchtrennen den Teig viel besser. Sollten Sie eine im Rezept angegebene Form nicht haben, wählen Sie einfach ein anderes Modell. Für runde Motive eignen sich auch Gläser. Wer gerne mal außergewöhnliche Back- und Ausstechformen verwenden möchte – eine große Auswahl gibt es bei Internet-Anbietern (Adressen siehe S. 158).

Gut dressiert

Beim formschönen Aufspritzen (Dressieren) von Teigmassen auf das Blech oder Schlagsahne auf die Torte hilft ein großer Spritzbeutel mit Stern- oder Lochtülle (Basis-Ausstattung: jeweils mit 0,5 cm und 1 cm Ø; gerne auch weitere Größen). Um aber geschmolzene Schokolade und Zuckerglasur in zarten Linien aufzumalen, eignet sich eine selbst gemachte Spritztüte aus Papier am besten (Anleitung siehe S. 158) oder auch ein Einwegspritzbeutel (gibt's in jedem gut sortierten Supermarkt).

Kleine und große Kraftpakete

Im Blitzhacker steckt so viel Power, dass man damit im Handumdrehen kleine Zutatenmengen (z. B. Nüsse oder Kräuter) mahlen oder zerkleinern kann. Bei größeren Mengen und längerem Einsatz ist eine Küchenmaschine mit Schneideaufsatz (z. B. Fleisch für eine Farce) oder Knethaken/Schneebesen (z. B. für schwere Hefeteige, luftige Schaummassen) besser, die noch mehr Kraft hat.

Echt heiß

Beim Backen und Garen im Backofen ist immer wichtig: Jeder Herd heizt etwas anders (bis zu 30° kann er von der eingestellten Temperatur abweichen), darum ist es unbedingt notwendig, Gebäck oder Braten schon vor der angegebenen Zeit unter die Lupe zu nehmen, damit beides genau richtig aus dem Ofen kommt und nicht zu hell oder zu dunkel ist. Um die genaue Temperatur festzustellen, am besten ein Backofenthermometer in den Ofen hängen und die Temperatur ablesen.

Bunter Plätzchenteller

Kleine Schmeicheleinheiten in großer Vielfalt

Ob altbekannte Klassiker wie Zimtsterne, beliebte Weltenbummler wie Florentiner oder raffinierte neue Kreationen – dieses Gebäck zaubert einen unglaublichen Reichtum auf die Plätzchenteller und machen aus dem **Warten aufs Christkind** ein **pures Vergnügen.** Und sollte der Vorrat vorzeitig zur Neige gehen, gibt es immer noch die Last-Minute-Kekse, die im Handumdrehen gemacht sind. **Süße Schätze** dürfen zur Weihnachtszeit einfach nicht ausgehen!

Heidesand

zergehen auf der Zunge

ZUBEREITUNG 20 Min.
BACKEN 20 Min.
PRO STÜCK 60 kcal

ZUTATEN für ca. 40 Stück
150 g Mehl
50 g gemahlene Mandeln
150 g weiche Butter
80 g feiner Zucker

1 Den Backofen auf 150° (Umluft 130°) vorheizen. Das Backblech mit Backpapier auslegen. Das Mehl mit den Mandeln mischen. Die Butter und 50 g Zucker mit den Schneebesen des Handrührgeräts cremig rühren. Dann die Mehl-Mandel-Mischung auf einmal dazugeben und rasch unterarbeiten, bis kleine Teigstreusel entstehen.

2 Die Teigstreusel mit den Händen zügig zu Kugeln (ca. 2 cm Ø) formen, mit etwas Abstand auf das Blech setzen und etwas flach drücken. Im Backofen (Mitte) ca. 20 Min. backen. Herausnehmen und die Plätzchen noch heiß vorsichtig in den restlichen Zucker drücken und darin wenden.

VARIANTEN

Safran-Macadamia-Sand

Für ca. 30 Stück: 50 g Macadamianüsse im Blitzhacker möglichst fein mahlen und mit 150 g Mehl mischen. 2 Döschen Safranfäden (à 0,1 g) mit 50 g feinem Zucker im Mörser zerreiben. 100 g weiche Butter mit dem Safranzucker cremig rühren. Dann rasch die Nuss-Mehl-Mischung unterarbeiten, bis kleine Teigbrösel entstehen. Diese wie in Schritt 3 beschrieben formen, ca. 25 Min. backen und in 3 EL feinem Zucker wenden. Tipp: Wem der Safrangeschmack zu intensiv ist, der nimmt einfach nur die halbe Menge.

Limetten-Haselnuss-Sand

Für ca. 30 Stück: 50 g gemahlene Haselnüsse mit 150 g Mehl mischen. 1 Bio-Limette heiß waschen und abtrocknen, die Hälfte der Schale fein abreiben und den Saft auspressen. Die Limettenschale mit 50 g feinem Zucker im Mörser zerreiben. 100 g weiche Butter mit dem Limettenzucker cremig rühren. Den Limettensaft und die Nuss-Mehl-Mischung unterarbeiten, bis kleine Teigbrösel entstehen. Diese wie in Schritt 3 beschrieben formen, ca. 25 Min. backen und in 3 EL feinem Zucker wenden. Echte Limettenfans reiben die ganze Limettenschale ab, mörsern die zweite Hälfte mit dem Zucker und wälzen die Plätzchen darin.

Einfaches Spritzgebäck

Knuspriges ohne großen Schnickschnack

ZUBEREITUNG 35 Min.
BACKEN 12 Min.
PRO STÜCK 70 kcal

ZUTATEN für ca. 30 Stück
Für den Teig:
150 g Mehl
1 TL Backpulver
2 EL Speisestärke
80 g feiner Zucker
1 Päckchen Vanillezucker
80 g weiche Butter
1 Ei | 1 Eigelb
Für die Deko:
1 Eiweiß
100 g Puderzucker
Lebensmittelfarbe (nach Belieben)
Zuckerdeko (z. B. kleine pastellfarbene Zuckerperlen, weiße Zuckersternchen, Rohrzucker)

1 Den Backofen auf 180° (Umluft 160°) vorheizen. Das Backblech mit Backpapier auslegen. Das Mehl mit dem Backpulver und der Speisestärke mischen.

2 Zucker, Vanillezucker und Butter mit den Schneebesen des Handrührgeräts cremig rühren. Ei und Eigelb dazugeben und schaumig rühren. Die Mehlmischung dazugeben und zügig unterrühren.

3 Teig in einen Spritzbeutel mit Lochtülle (ca. 1,2 cm Ø) füllen und mit ausreichend Abstand kleine Kringel (ca. 3 cm Ø) auf das Blech spritzen. Im Backofen in 10–12 Min. goldbraun backen. Herausnehmen und abkühlen lassen.

4 Eiweiß und Puderzucker mit den Schneebesen des Handrührgeräts weiß und dicklich schlagen. Nach Belieben mit Lebensmittelfarbe in Pastelltönen färben. Den Eischnee in eine Spritztüte aus Papier (siehe Seite 158) füllen und die Spitze wegschneiden. Das Gebäck damit in dünnen Linien verzieren und mit Zuckerdeko bestreuen. Den Guss trocknen lassen.

VARIANTEN

Ingwer-Zitronen-Stangen

Für ca. 30 Stück: 100 g Rohrzucker und 50 g weiche Butter mit den Schneebesen des Handrührgeräts cremig rühren. 1 Ei und 2 Eigelb dazugeben und schaumig rühren. 1 Stück frischen Ingwer (ca. 4–5 cm) schälen und auf der Ingwer- oder Gemüsereibe fein reiben. 150 g Mehl mit 1 TL Backpulver mischen und mit dem Ingwer zügig unter die Schaummasse rühren. Den Teig in einen Spritzbeutel mit Sterntülle (ca. 1,1 cm Ø) füllen. Mit ausreichend Abstand 6–7 cm lange Stangen auf ein mit Backpapier ausgelegtes Blech spritzen. Im vorgeheizten Backofen bei 180° (Mitte, Umluft 160°) in ca. 12 Min. goldbraun backen. Herausnehmen und abkühlen lassen. 1 kleine Bio-Zitrone heiß waschen und abtrocknen, die Schale fein abreiben und 2 EL Saft auspressen. Beides mit 70 g Puderzucker glatt rühren. Die Plätzchen mit dem Guss dünn bestreichen und mit etwas Rohrzucker (insgesamt 50 g) bestreuen und trocknen lassen.

Marzipan-Calvados-Ecken

Für ca. 25 Stück: 100 g Marzipanrohmasse klein würfeln. Mit 4 EL Calvados mit einer Gabel erst zerdrücken, dann mit den Schneebesen des Handrührgeräts cremig rühren. 80 g Zucker, 50 g weiche Butter und 1 Ei dazugeben und schaumig rühren. 150 g Mehl mit 1 TL Backpulver mischen und zügig unterrühren. 50 g Mandelblättchen auf einem mit Backpapier ausgelegten Blech verteilen. Den Teig in einen Spritzbeutel mit Sterntülle (ca. 1 cm Ø) füllen und jeweils zwei ca. 4 cm lange Stränge dicht nebeneinander spritzen, sodass ein Quadrat entsteht. Dabei bei Bedarf jeden Strang am Ende mit einem angefeuchteten Messer abschneiden. Im vorgeheizten Backofen bei 180° (Mitte, Umluft 160°) in ca. 12 Min. goldbraun backen.

Vanillekipferl

ein Muss für jede Keksdose

ZUBEREITUNG 30 Min.
KÜHLEN 1 Std.
BACKEN 20 Min.
PRO STÜCK 50 kcal

ZUTATEN für ca. 50 Stück
4 Vanilleschoten
100 g gemahlene geschälte Mandeln
150 g Mehl
150 g kalte Butter
50 g feiner Zucker
1 Prise Salz
1 Päckchen Vanillezucker
3 gehäufte EL Puderzucker

1 Die Vanilleschoten längs aufschlitzen und das Mark mit einem kleinen Messer herauskratzen. Das Vanillemark mit den Mandeln mischen, dabei zwischen den Händen so verreiben, dass sich das Mark gut verteilt.

2 Das Mehl und die Mandeln auf eine Arbeitsfläche häufen. Die Butter in Flöckchen, Zucker und Salz darauf verteilen. Alles mit einem großen Messer hacken und rasch zu einem Mürbeteig verkneten. Den Teig zu zwei Rollen (ca. 3 cm Ø) formen, in Klarsichtfolie wickeln und 1 Std. in den Kühlschrank legen.

3 Den Backofen auf 150° (Umluft 130°) vorheizen. Das Backblech mit Backpapier auslegen. Die Teigrollen nach und nach in ca. 1 cm dicke Scheiben schneiden, diese zu kleinfingerdicken und 6–7 cm langen Würsten formen, die am Ende spitz zulaufen. Auf das Backblech legen und zu Hörnchen biegen. Im Backofen (Mitte) ca. 20 Min. backen. Sie sollten möglichst hell bleiben.

4 Den Vanillezucker mit dem Puderzucker in einer kleinen Schüssel mischen. Die Kipferl aus dem Backofen nehmen, kurz abkühlen lassen und vorsichtig im Zucker wenden.

Variante Espresso-Schoko-Kipferl

Für ca. 50 Stück: 1–1 1/2 EL Kaffeebohnen im Mörser zerreiben und 50 g Mokka- oder Zartbitterschokolade hacken. Beides mischen und, wie in Schritt 2 beschrieben, mit 100 g gemahlenen Mandeln, 150 g Mehl, 150 g kalter Butter in Flöckchen, 50 g feinem Zucker und 1 Prise Salz hacken und rasch zu einem Mürbeteig verkneten. Den Teig zu Rollen formen, in Klarsichtfolie wickeln und 1 Std. in den Kühlschrank legen. Die Rollen zu Kipferln formen und backen. 1–2 TL Kakaopulver und 3 gehäufte EL Puderzucker mischen und die leicht abgekühlten Kipferl vorsichtig darin wenden.

Variante Pekannuss-Orangen-Kipferl

Für ca. 50 Stück: 100 g Pekannusskerne im Blitzhacker fein mahlen. Die Nüsse mit 150 g Mehl, 120 g kalter Butter in kleinen Flöckchen, 50 g feinem Zucker und 1 Prise Salz hacken und rasch zu einem Mürbeteig verkneten. Zu Rollen formen, in Klarsichtfolie wickeln und 1 Std. kühlen. Dann zu Kipferln formen und backen. Aus dem Backofen nehmen und abkühlen lassen. 1 kleine Bio-Orange heiß waschen und abtrocknen, die Schale fein abreiben und 2 EL Saft auspressen. Beides mit 3 gehäuften EL Puderzucker verrühren. Die Kipferl damit dünn bestreichen und trocknen lassen. Danach nach Belieben mit wenig Puderzucker bestäuben.

Gut zu wissen

Wem Vanilleschoten zu teuer sind, der nimmt einfach günstigeres Vanillin, künstlich hergestelltes Vanillearoma. Davon 1 Päckchen oder 1–2 TL unter den Teig kneten.
Pekannusskerne gibt es im Bioladen oder im sehr gut sortierten Supermarkt (Bioecke). Wer keine bekommt, ersetzt sie durch Walnusskerne.
Für noch intensiveres Orangenaroma 1 TL Orange-Back oder natürliches Orangenschalen-Aroma (aus dem Tütchen) zum Teig geben.

Zimtsterne

beliebter Klassiker

ZUBEREITUNG 1 Std. 30 Min.
BACKEN 15 Min.
PRO STÜCK 80 kcal

ZUTATEN für ca. 45 Stück
3 Eiweiß
1 Prise Salz
300 g feiner Zucker
1 TL frisch gepresster Zitronensaft
400 g gemahlene Mandeln
1 TL Zimtpulver
1 Prise gemahlene Nelken
Stern-Ausstechform

1 Die Eiweiße und das Salz mit den Schneebesen des Handrührgeräts steif schlagen. Den Zucker unter Rühren langsam einrieseln lassen. Den Zitronensaft dazugeben und weiterschlagen, bis der Eischnee schön glänzt. Dann 4–5 EL von dem Eischnee abnehmen und für die Glasur beiseitestellen.

2 Die Mandeln mit Zimtpulver und den gemahlenen Nelken mischen. Die Mandelmischung zum Eischnee geben, vorsichtig unter den Eischnee mischen und die Masse zu einem gut formbaren Teig verarbeiten.

3 Den Backofen auf 150° (Umluft 130°) vorheizen. Das Backblech mit Backpapier auslegen. Den Teig zwischen Klarsichtfolie ca. 0,5 cm dick ausrollen. Mit einer Ausstechform Sterne ausstechen und auf das Blech legen.

4 Die beiseitegestellte Eischneemasse mit einem spitzen Messer gleichmäßig und exakt auf den Teigsternen verteilen. Im Ofen (unten) ca. 15 Min. backen. Die Sterne sollten ganz hell bleiben. Die Zimtsterne herausnehmen, vorsichtig mit dem Backpapier vom Blech ziehen und auf einem Kuchengitter abkühlen lassen.

Variante Marzipan-Zimt-Herzen

Für 45 Stück: 200 g gemahlene Mandeln mit 100 g gemahlenen Haselnüssen, 2 TL Zimtpulver, 1 TL abgeriebener Schale von 1 Bio-Orange und 200 g Puderzucker mischen. 150 g Marzipanrohmasse auf der Gemüsereibe fein hobeln. Mit 4 Eiweiß und 1 Prise Salz zu der Mandelmischung geben und rasch zu einem Teig verarbeiten. Zugedeckt über Nacht in den Kühlschrank stellen.
Am nächsten Tag den Backofen auf 150° (Umluft 130°) vorheizen. Das Backblech mit Backpapier auslegen. Den Teig zwischen Klarsichtfolie ca. 0,5 cm dick ausrollen, dann Herzen in verschiedenen Größen ausstechen und auf das Blech legen. 2 Eiweiß und 100 g Zucker in einer Schüssel über dem heißen Wasserbad mit den Schneebesen des Handrührgeräts dickschaumig schlagen. Die Masse mit einem Messer gleichmäßig auf die Herzen streichen. Im Backofen (Mitte) 15–20 Min. backen.

Schnelle Varianten

Die Eiweißmasse in einen Spritzbeutel mit Lochtülle geben und jeweils in die Mitte der Herzen einen dicken Tupfen spritzen. Oder die Eiweißmasse mit einer Palette gleichmäßig auf den ausgerollten Teig streichen. Den Teig dann in Stangen oder Rauten schneiden und wie beschrieben backen.

Linzer Plätzchen

mit feinem Gewürzaroma

ZUBEREITUNG 1 Std.
KÜHLEN 1 Std.
BACKEN 10 Min.
PRO STÜCK 110 kcal

ZUTATEN für ca. 30 Stück
150 g weiche Butter | 50 g Puderzucker
1 Päckchen Vanillezucker | 1 Ei
1 TL Kirschwasser (nach Belieben)
1/4 TL Zimtpulver
1 Prise gemahlene Nelken
1 TL Kakaopulver | 150 g gemahlene Mandeln
150 g Mehl | Puderzucker zum Bestäuben
150 g Johannisbeergelee
1 EL Johannisbeerlikör (Cassis)
Ausstechformen (runde mit ca. 4–5 cm Ø, kleine Herzen oder Sterne)

1 Die Butter und den Puderzucker, Vanillezucker und Ei mit den Schneebesen des Handrührgeräts cremig rühren. Nach Belieben das Kirschwasser dazugeben, mit Zimtpulver, gemahlenen Nelken und Kakaopulver unter die cremige Masse rühren.

2 Die Mandeln und das Mehl dazugeben und alles auf einer Arbeitsfläche rasch zu einem glatten Mürbeteig verkneten. Den Teig in Klarsichtfolie wickeln und mindestens 1 Std. in den Kühlschrank legen.

3 Den Backofen auf 175° (Umluft 160°) vorheizen. Das Backblech mit Backpapier auslegen. Den Teig auf einer bemehlten Arbeitsfläche 3–4 mm dick ausrollen. Aus dem Teig mit der runden Ausstechform nach und nach Kreise ausstechen und diese auf das Backblech legen. Aus der Hälfte der Kreise kleine Herzen oder Sterne ausstechen. Im Backofen (Mitte) 8–10 Min. backen. Die Plätzchen herausnehmen, mit dem Backpapier vom Blech ziehen und auf einem Kuchengitter abkühlen lassen.

4 Die Kreise mit Herzen oder Sternen mit Puderzucker bestäuben. Das Johannisbeergelee mit Johannisbeerlikör glatt rühren. Die ganzen Kreise mit der Mischung bestreichen. Jeweils ein mit Puderzucker bestäubtes Plätzchen daraufsetzen.

Variante Gespritzte Linzer Plätzchen

Für 30 Stück: 150 g weiche Butter, 50 g Zucker und 2 Eigelb mit den Schneebesen des Handrührgeräts cremig rühren. Jeweils 1 Prise Zimtpulver, gemahlene Nelken und gemahlenen Kardamom und nach Belieben 1 EL Kirschwasser dazugeben. 100 g gemahlene Mandeln mit 100 g Mehl und 2 TL Kakaopulver mischen und zügig unter den Teig rühren. Den Teig in einen Spritzbeutel mit großer gezackter Tülle oder Sterntülle (ca. 1 cm Ø) füllen und in Kreisen (ca. 6 cm Ø) auf ein mit Backpapier ausgelegtes Blech spritzen. 200 g Himbeerkonfitüre erwärmen, durch ein Sieb streichen und mit einem Teelöffel in die Mitte der Plätzchen geben. Im vorgeheizten Ofen bei 175° (Mitte, Umluft 160°) ca. 20 Min. backen. Etwa 5 Min. vor dem Ende der Backzeit 2 EL Quittengelee erwärmen, die Plätzchen damit bestreichen und fertig backen.

Austausch-Tipp

Den Teig wie im Grundrezept beschrieben zubereiten. Den Teig auf einer bemehlten Arbeitsfläche ca. 4 mm dick ausrollen. Mit einem Teigrädchen Rechtecke (ca. 2 x 4 cm) ausschneiden und auf einem mit Backpapier ausgelegten Blech im vorgeheizten Backofen bei 180° (Mitte, Umluft 160°) 8–10 Min. backen und abkühlen lassen. 100 g Konfitüre (z. B. Aprikosen-, Himbeer- oder Kirschkonfitüre) erwärmen. Nach Belieben 2 EL Kirschwasser unterrühren. Je zwei Plätzchen mit der Konfitüre bestreichen und zusammensetzen. 100 g Puderzucker mit 2–3 EL lauwarmer Milch verrühren. Eventuell mit einigen Tropfen Kirschwasser aromatisieren. Die Plätzchen damit bestreichen und den Guss trocknen lassen.

Springerle

beliebter Klassiker

ZUBEREITUNG 45 Min.
RUHEN 24 Std.
BACKEN 25 Min.
PRO STÜCK 85 kcal

ZUTATEN für ca. 25 Stück
2 Eier | 250 g Puderzucker | 1 TL fein abgeriebene Schale von 1 Bio-Zitrone | 250 g Mehl
1 Prise Hirschhornsalz | Butter für das Backblech
Anissamen nach Belieben | Holzmodel für Springerle

1 Das Backblech dünn mit Butter einfetten und nach Belieben mit Anissamen bestreuen. Eier, Puderzucker und Zitronenschale mit den Schneebesen des Handrührgeräts dickschaumig schlagen. Mehl und Hirschhornsalz mischen, zur Eier-Puderzucker-Mischung geben und alles rasch zu einem glatten Mürbeteig verkneten.

2 Den Teig auf einer bemehlten Arbeitsfläche ca. 1 cm dick ausrollen. Die Oberfläche der Teigplatte mit Mehl bestäuben, die Holzmodel für Springerle in den Teig drücken und die Springerle mit dem Messer ausschneiden. Die Springerle auf das Blech legen und offen 24 Std. bei Zimmertemperatur trocknen lassen.

3 Den Backofen auf 150° (Umluft ungeeignet) vorheizen. Die Springerle im Backofen (unten) 20–25 Min. backen. Damit die Plätzchen schön weiß bleiben, in die obere Schiene des Backofens ein leeres Blech schieben. Die Springerle herausnehmen und abkühlen lassen, dann vom Backblech nehmen.

Tipps

Sie können zusätzlich noch 1/2 TL Anispulver unter den Teig rühren. Die Oberfläche der Springerle sollte vor dem Backen trocken, die Unterseite noch etwas feucht sein. Verwenden Sie zum Backen kein Backpapier, es zieht sich beim Trocknen der Springerle etwas zusammen. Sie können das Blech aber mit Alufolie belegen und diese hauchdünn mit Butter bestreichen.

Biberle

Klassiker aus der Schweiz

ZUBEREITUNG 1 Std.
KÜHLEN 2 Std.
BACKEN ca. 20 Min.
PRO STÜCK 90 kcal

ZUTATEN für ca. 40 Stück
150 g Honig | 75 g Rohrzucker | 30 g Butter
1 Ei | 1 TL Kakaopulver | 1 TL Lebkuchengewürz
220 g Mehl | 1 TL Backpulver | 1 Bio-Zitrone
300 g Marzipanrohmasse | 150 g Puderzucker
1 TL Kirschwasser (oder Zitronensaft)

1 Den Honig mit Rohrzucker und Butter in einen Topf geben und erhitzen, dabei so lange rühren, bis sich der Zucker gelöst hat. Dann etwas abkühlen lassen. Das Ei trennen. Das Eiweiß zum Bestreichen beiseitestellen.

2 Das Eigelb, Kakaopulver und das Lebkuchengewürz unter die Honigmischung rühren. Das Mehl mit dem Backpulver mischen und mit der Honigmasse rasch zu einem glatten Teig verarbeiten. Den Teig in Klarsichtfolie wickeln und 1 Std. in den Kühlschrank legen.

3 Inzwischen die Zitrone heiß waschen und abtrocknen, die Schale fein abreiben und den Saft von 1/2 Zitrone auspressen. Die Marzipanrohmasse mit 75 g Puderzucker, dem Zitronensaft und der abgeriebenen Zitronenschale verkneten.

4 Den Lebkuchenteig in Viertel teilen und jedes Viertel zu einem Rechteck (ca. 8 x 24 cm) ausrollen. Die Teigränder mit dem Eiweiß bestreichen. Die Marzipanrohmasse ebenfalls vierteln und die Viertel zu ca. 24 cm langen Rollen formen. Eine Rolle jeweils auf ein Rechteck legen und den Teig einrollen. Die Teigrollen ca. 1 Std. in den Kühlschrank legen.

im Bild links Biberle ◆ *im Bild rechts* Springerle

5 Das Backblech mit Backpapier auslegen. Den Backofen auf 180° vorheizen. Die Rollen schräg in 40 spitz zulaufende oder trapezförmige Stücke schneiden und auf das Blech legen. Im Backofen (Mitte, Umluft 160°) 15–20 Min. backen. Die Biberle herausnehmen, mit dem Backpapier vom Blech ziehen und auf einem Kuchengitter abkühlen lassen. Für den Puderzuckerguss 75 g Puderzucker mit dem Kirschwasser und 1–2 EL kaltem Wasser verrühren. Die Biberle dünn damit bestreichen und den Guss trocknen lassen.

Spekulatius

schön knusprig und sehr fein

ZUBEREITUNG 1 Std.
KÜHLEN 1 Std.
BACKEN 15 Min.
PRO STÜCK 70 kcal

ZUTATEN für ca. 60 Stück
50 g Marzipanrohmasse | 200 g weiche Butter
150 g brauner Zucker | 1 Ei | 1 TL Kakaopulver
2 TL Spekulatiusgewürz | 300 g Dinkelmehl (Type 603)
100 g gemahlene geschälte Mandeln
1 EL Speisestärke | 2 EL Milch | Spekulatiusformen

1 Die Marzipanrohmasse auf der Gemüsereibe grob reiben. Dann in einer Schüssel mit der Butter und dem braunen Zucker mit den Schneebesen des Handrührgeräts schaumig schlagen.

2 Ei, Kakaopulver und Spekulatiusgewürz dazugeben und unter die Masse rühren. Das Dinkelmehl und die gemahlenen Mandeln dazugeben und rasch zu einem glatten Teig verarbeiten. Den Teig in Klarsichtfolie wickeln und 1 Std. in den Kühlschrank legen.

3 Den Backofen auf 175° (Umluft 160°) vorheizen. Das Backblech mit Backpapier auslegen. Den Teig auf einer bemehlten Arbeitsfläche 3–4 mm dick ausrollen. Die Speisestärke auf den Teig sieben und leicht verreiben.

4 Die Spekulatiusformen in den Teig drücken, die Teigfiguren mit einem Messer ausschneiden und auf das Backblech legen. Die Figuren mit der Milch bestreichen. Im Backofen (Mitte) in ca. 15 Min. knusprig braun backen. Die Spekulatius herausnehmen, mit dem Backpapier vom Blech ziehen und auf einem Kuchengitter abkühlen lassen.

Variante mit Ausstechformen

Wer keine Spekulatiusformen (Model) hat, kann aus dem Teig mit Hilfe von beliebigen Ausstechformen (z. B. Tannenbäume) Plätzchen ausstechen, diese wie beschrieben mit Milch bestreichen und backen. Dann abkühlen lassen und die Konturen der Plätzchen mit einer dickflüssigen Puderzuckerglasur (Puderzucker mit wenig Wasser oder frisch gepresstem Zitronensaft verrühren) verzieren.

Würz-Tipp

Sie können das Spekulatiusgewürz auch selbst herstellen. Dafür 1/2 TL Zimtpulver mit je 1 kräftigen Prise gemahlenem Kardamom, gemahlenen Nelken und gemahlener Muskatblüte (Macis) gut mischen.

Kleine Schokolebkuchen

Wer kann da noch Nein sagen?

ZUBEREITUNG 1 Std.
RUHEN 1 Std.
BACKEN 18 Min.
PRO STÜCK 135 kcal

ZUTATEN für ca. 25 Stück
100 g Zitronat und Orangeat (nach Belieben gemischt)
1 EL Mehl
100 g gemahlene Haselnüsse
200 g gemahlene Mandeln
2 TL Lebkuchengewürz
25 Oblaten (5 cm Ø)
2 Eier
100 g Rohrzucker
3 EL Rum (oder Apfel- oder Birnensaft)
100 g Zartbitterschokolade

1 Zitronat und Orangeat in den Blitzhacker geben, mit Mehl überstäuben und fein mahlen. Mit Haselnüssen, Mandeln und Lebkuchengewürz mischen.

2 Das Backblech mit Backpapier auslegen und die Oblaten darauf verteilen. Eier, Rohrzucker und Rum mit den Schneebesen des Handrührgeräts (noch besser ist die Küchenmaschine) auf höchster Stufe in ca. 5 Min. zu einer dickschaumigen Masse schlagen. Die Nussmischung vorsichtig unterziehen.

3 Die Masse mit einem Teelöffel in Häufchen auf den Oblaten verteilen, dabei einen kleinen Rand frei lassen. Die Masse mit angefeuchteten Fingern zu einem gut 1,5 cm hohen, glatten und runden Lebkuchen formen und offen ca. 1 Std. ruhen lassen.

4 Den Backofen auf 160° (Umluft 140°) vorheizen. Die Lebkuchen im Backofen (Mitte) 15–18 Min. backen, bis sie außen leicht Farbe bekommen und fest werden, aber innen noch feucht sind. Die Lebkuchen herausnehmen und auf dem Blech abkühlen lassen.

5 Inzwischen die Schokolade fein hacken und in einer kleinen Schüssel über dem heißen Wasserbad schmelzen lassen. Die Lebkuchen dünn mit der Schokolade bestreichen und trocknen lassen.

Walnuss-Lebkuchenecken

ein echter Geheimtipp

ZUBEREITUNG 30 Min.
BACKEN 35 Min.
PRO STÜCK 110 kcal

ZUTATEN für ca. 24 Stück
200 g Walnusskerne | 1 TL Backpulver
1 EL Zimtpulver
2 große Bio-Limetten
100 g getrocknete Aprikosen
2 Oblaten (12 x 20 cm)
1 Ei | 100 g Rohrzucker
100 g Puderzucker | 1 EL Butter

1 Die Walnusskerne im Blitzhacker fein mahlen, mit Backpulver und Zimtpulver mischen. Die Limetten heiß waschen, abtrocknen und die Hälfte der Schale fein abreiben. Den Saft auspressen (ca. 60 ml), 2 EL davon abnehmen und für die Glasur beiseitestellen. Limettensaft und -schale zusammen mit den Aprikosen im Blitzhacker fein zerkleinern.

2 Den Backofen auf 150° (Umluft 130°) vorheizen. Das Backblech mit Backpapier auslegen und die Oblaten darauf verteilen.

3 Das Ei und den Rohrzucker mit den Schneebesen des Handrührgeräts auf höchster Stufe in ca. 5 Min. dickschaumig schlagen. Alle vorbereiteten Zutaten unterheben. Die Masse gleichmäßig auf die Oblaten streichen, dabei keinen Rand frei lassen. Im Backofen (Mitte) ca. 35 Min. backen.

4 Den Puderzucker, den übrigen Limettensaft und die Butter in einem kleinen Topf unter Rühren erhitzen. Die Lebkuchen aus dem Ofen nehmen, sofort jeweils in 12 Rechtecke (4 x 5 cm) schneiden und mit der Glasur bestreichen. Dann die Glasur fest werden lassen.

Deko-Tipp

Fast ein Muss: Auf jede Lebkuchenecke eine Walnusshälfte setzen, solange die Glasur noch feucht ist. Das macht die Rechtecken dekorativer und nussiger.

im Bild links Kleine Schokolebkuchen ◆ *im Bild rechts* Walnuss-Lebkuchenecken

Kokosmakronen

schön luftig und ganz zart

ZUBEREITUNG 30 Min.
BACKEN 55 Min.
PRO STÜCK 45 kcal

ZUTATEN für ca. 35 Stück
1 Bio-Limette
150 g Zucker
2 Eiweiß
1 Prise Salz
150 g Kokosraspel
1 TL Speisestärke
1 EL Kokossirup (nach Belieben)

1 Den Backofen auf 140° (Umluft 120°) vorheizen. Das Backblech mit Backpapier auslegen. Die Limette heiß waschen und abtrocknen, die Schale fein abreiben. Die Limettenschale mit 1 EL Zucker vermischen.

2 Die Eiweiße mit Salz steif schlagen. 75 g Zucker unter Rühren dazugeben und weiterschlagen, bis die Masse schön glänzt. Restlichen Zucker, Limettenschalen-Zucker-Mischung, Kokosraspel und Speisestärke mischen und die Mischung locker unter den Eischnee ziehen. Nach Belieben den Kokossirup unter die Masse rühren.

3 Von der Kokosmasse mit zwei Teelöffeln kleine Häufchen mit etwas Abstand auf das Blech setzen. Dann im Backofen (Mitte) ca. 25 Min. backen. Den Backofen ausschalten und die Kokosmakronen bei leicht geöffneter Backofentür noch 30 Min. trocknen lassen.

4 Die Kokosmakronen aus dem Backofen nehmen, mit dem Backpapier vom Backblech ziehen und auf einem Kuchengitter abkühlen lassen.

Variante Schokomakronen

Für ca. 35 Stück: 100 g Zartbitterschokolade fein reiben und kalt stellen. 2 Eiweiß mit 1 Prise Salz steif schlagen, 75 g Zucker unter Rühren dazugeben und weiterschlagen, bis die Masse schön glänzt. 75 g Zucker mit der Schokolade und 1 TL Orangenblütenwasser (aus der Apotheke) mischen und unter den Eischnee heben. Von der Schokomasse mit zwei Teelöffeln kleine Häufchen auf ein mit Backpapier ausgelegtes Blech setzen. Im vorgeheizten Backofen bei 140° (Mitte, Umluft 120°) ca. 25 Min. backen. Dann den Backofen ausschalten und die Makronen bei leicht geöffneter Backofentür noch 30 Min. trocknen lassen.

Variante Mandelmakronen

Für ca. 35 Stück: 100 g geschälte gemahlene Mandeln mit 1 TL Rosenwasser (aus der Apotheke), 75 g Zucker und 1 TL Speisestärke mischen. 2 Eiweiß mit 1 Prise Salz steif schlagen. 75 g Zucker unter Rühren dazugeben und weiterschlagen, bis die Masse schön glänzt. Die Mandel-Zucker-Mischung unterheben. Von der Makronenmasse mit zwei Teelöffeln kleine Häufchen auf ein mit Backpapier ausgelegtes Blech setzen. Im vorgeheizten Backofen bei 140° (Mitte, Umluft 120°) ca. 25 Min. backen. Dann den Backofen ausschalten und die Makronen bei leicht geöffneter Backofentür noch 30 Min. trocknen lassen.

im Bild vorne Kokosmakronen ◆ *im Bild hinten* Schokomakronen

Knusprige Haselnusstaler

für Nuss-Puristen

ZUBEREITUNG 35 Min.
KÜHLEN 1 Std.
BACKEN 8 Min.
PRO STÜCK 40 kcal

ZUTATEN für ca. 50 Stück
200 g Mehl
50 gemahlene Haselnüsse
1/4 TL Backpulver
100 g kalte Butter
100 g Puderzucker | 1 Eiweiß
runde Ausstechform mit glattem Rand (ca. 5–6 cm Ø)

1 Das Mehl mit den Haselnüssen und dem Backpulver mischen. Mit Butter in Flöckchen, Puderzucker und Eiweiß auf eine Arbeitsfläche häufen. Alles mit einem großen Messer hacken und rasch zu einem Mürbeteig verkneten. Den Teig in Klarsichtfolie wickeln und 1 Std. in den Kühlschrank legen.

2 Den Backofen auf 200° (Umluft 160°) vorheizen. Das Backblech mit Backpapier auslegen. Den Teig nach und nach auf einer bemehlten Arbeitsfläche ca. 3 mm dick ausrollen, mit der Ausstechform 50 Kreise ausstechen.

3 Die Teigkreise mit einer Seite vorsichtig auf die bemehlte Seite einer Gemüsereibe drücken, sodass ein Lochmuster entsteht, und auf das Blech legen. Im Ofen (Mitte) in 7–8 Min. goldgelb backen. Die Taler herausnehmen, mit dem Backpapier vom Blech ziehen und auf einem Kuchengitter abkühlen lassen.

Gestreifte Mohnecken

Schwarz-Weiß-Gebäck mal anders

ZUBEREITUNG 25 Min.
KÜHLEN 1 Std.
BACKEN 10 Min.
PRO STÜCK 30 kcal

ZUTATEN für ca. 60 Stück
150 g Mehl | 100 g kalte Butter | 80 g Zucker | 1 Ei
50 g gemahlener Mohn (Fertigprodukt) | 1 Eiweiß

1 Mehl, Butter in Flöckchen, Zucker und Ei auf eine Arbeitsfläche häufen. Alles mit einem großen Messer möglichst fein hacken. Die Hälfte davon rasch zu einem hellen Mürbeteig verkneten.

2 Den Mohn zur anderen Hälfte der gehackten Zutaten geben und zu einem dunklen Teig verkneten. Den hellen und dunklen Teig jeweils zu einem ca. 3 mm dicken Rechteck (ca. 12 x 35 cm) ausrollen.

3 Ein Teigrechteck gleichmäßig dünn mit etwas Eiweiß bestreichen und das zweite Teigrechteck darauflegen. Diese Teigplatte längs in ca. 3 cm breite Streifen schneiden, jeden Streifen wieder dünn mit Eiweiß bestreichen und aufeinandersetzen, sodass ein hoher ca. 3 cm breiter Streifen entsteht. Vorsichtig in Alufolie wickeln und 1 Std. in den Kühlschrank legen.

4 Den Backofen auf 200° (Umluft 180°) vorheizen. Das Backblech mit Backpapier auslegen. Die gestapelten Teigstreifen quer in ca. 0,5 cm dicke Scheiben schneiden und auf das Blech legen. Im Ofen (Mitte) ca. 10 Min. backen. Die Mohnecken herausnehmen, mit dem Backpapier vom Blech ziehen und auf einem Kuchengitter abkühlen lassen.

Variante Mohnschnecken

Die Teigplatte weder in Streifen schneiden noch stapeln, sondern mit Eiweiß bestreichen und von der Längsseite her dicht aufrollen. In Alufolie wickeln und 1 Std. kühlen, dann in ca. 0,5 cm dicke Taler schneiden und wie beschrieben backen.

Einkaufs-Tipp

Gemahlenen Mohn gibt es im gut sortierten Supermarkt oder im Bioladen bereits backfertig zu kaufen. Einmal geöffnet, sollten Sie ihn kühl und trocken aufbewahren.

im Bild Spitzbuben mit Nougatfüllung

Spitzbuben mit Nougatfüllung

die Füllung macht's

ZUBEREITUNG 1 Std.
KÜHLEN 2 Std.
BACKEN 12 Min.
PRO STÜCK 100 kcal

ZUTATEN für ca. 35 Stück
250 g Mehl
150 g kalte Butter
100 g feiner Zucker
2 Päckchen Vanillezucker
1 Ei | 1 Prise Salz
150 g Nussnougat
Puderzucker zum Bestäuben
Ausstechformen (rund mit gewelltem Rand, ca. 5 cm Ø; kleine Buchstaben, Tannenbäume oder Sterne)

1 Mehl, Butter in Flöckchen, Zucker, Vanillezucker, Ei und Salz auf eine Arbeitsfläche häufen. Alles mit einem großen Messer fein hacken und rasch zu einem Mürbeteig verkneten. Den Teig in Klarsichtfolie wickeln und 2 Std. in den Kühlschrank legen.

2 Den Backofen auf 180° (Umluft 160°) vorheizen. Das Backblech mit Backpapier auslegen. Den Teig portionsweise auf einer bemehlten Arbeitsfläche ca. 3 mm dick ausrollen, mit der Ausstechform 70 Kreise ausstechen. Aus der Hälfte der Teigkreise in der Mitte kleine Buchstaben, Tannenbäume oder Sterne ausstechen.

3 Die Plätzchen auf das Blech legen und im Backofen (Mitte) in 10–12 Min. goldgelb backen. Herausnehmen, mit dem Backpapier vom Blech ziehen und auf einem Kuchengitter abkühlen lassen.

4 Inzwischen das Nougat in kleine Würfel schneiden und in einem Topf unter Rühren bei kleiner Hitze schmelzen lassen. Mit einem Teelöffel jeweils etwas Nougat auf den Plätzchen ohne Motiv verteilen. Die Plätzchen mit Motiv mit Puderzucker bestäuben, dann auf die Plätzchen mit Nougat setzen und leicht andrücken. Das Nougat fest werden lassen.

Geschmacks-Variante

Statt Nougat erwärmen Sie für die Füllung einfach die gleiche Menge Konfitüre oder Gelee (z. B. Quitten-, Aprikosen-, Himbeer- oder Johannisbeergelee).

Deko-Tipp Nougatblüten

Aus dem Teig Blumen ausstechen und die Plätzchen wie beschrieben backen. Die Oberseite der Plätzchen mit geschmolzenem Nougat bestreichen und Haselnuss- oder Mandelblättchen blütenförmig hineindrücken. Dann jeweils einen kleinen Nougatklecks in die Mitte setzen und trocknen lassen.

im Bild links Knusprige Haselnusstaler ◆ *im Bild rechts* Gestreifte Mohnecken

Husarenkrapfen

ganz einfach zuzubereiten

ZUBEREITUNG 45 Min.
KÜHLEN 2 Std.
BACKEN 25 Min.
PRO STÜCK 70 kcal

ZUTATEN für ca. 40 Stück
150 g weiche Butter
75 g Puderzucker
1 Päckchen Vanillezucker
3 Eigelb
175 g Mehl
50 g gemahlene Mandeln
150 g Himbeerkonfitüre
1 TL Milch

1 Butter, Puderzucker und Vanillezucker mit den Schneebesen des Handrührgeräts cremig rühren. 2 Eigelb nach und nach unterrühren. Mehl und Mandeln mischen, zur Eiercreme geben und rasch zu einem glatten Teig verarbeiten. Den Teig in Klarsichtfolie wickeln und 2 Std. in den Kühlschrank legen.

2 Die Himbeerkonfitüre in einem kleinen Topf bei kleiner Hitze erwärmen, dann durch ein feines Sieb streichen. Den Backofen auf 160° vorheizen. Das Backblech mit Backpapier auslegen. Den Teig in vier gleichgroße Stücke teilen und jedes Stück auf einer bemehlten Arbeitsfläche zu ca. 15 cm lange Rollen formen.

3 Die Teigrollen jeweils in 10 Stücke schneiden, diese zu Kugeln formen und auf das Backblech setzen. Mit dem Kochlöffelstiel in jede Kugel eine Mulde drücken. Das restliche Eigelb mit Milch verrühren, die Kugeln damit bestreichen und in jede Mulde etwas Himbeerkonfitüre geben.

4 Im Backofen (Mitte, Umluft 140°) in ca. 25 Min. goldbraun backen. Die Husarenkrapfen herausnehmen, mit dem Backpapier vom Blech ziehen und auf einem Kuchengitter abkühlen lassen.

Bethmännchen

Gaumenfreuden für Marzipanfans

ZUBEREITUNG 50 Min.
BACKEN 20 Min.
PRO STÜCK 70 kcal

ZUTATEN für ca. 40 Stück
250 g Marzipanrohmasse
75 g Puderzucker
1 Eiweiß
30 g Mehl
50 g gemahlene geschälte Mandeln
125 g geschälte Mandeln
3 EL Zucker
3 EL Rosenwasser (aus der Apotheke)

1 Die Marzipanrohmasse auf der Gemüsereibe grob reiben. Den Puderzucker, das Eiweiß, Mehl und die gemahlenen Mandeln dazugeben und rasch zu einem glatten Teig verkneten. Die ganzen geschälten Mandeln längs halbieren.

2 Den Backofen auf 160° vorheizen. Das Backblech mit Backpapier auslegen. Aus dem Marzipanteig 40 kirschgroße Kugeln formen. Jeweils 3 Mandelhälften senkrecht an die Kugeln drücken. Die Bethmännchen auf das Backblech setzen. Im Backofen (Mitte, Umluft 140°) 15–20 Min. backen. Die Bethmännchen herausnehmen und mit dem Backpapier vom Blech ziehen.

3 Den Zucker mit dem Rosenwasser in einen Topf geben und unter Rühren aufkochen lassen. Die noch warmen Bethmännchen damit bestreichen und auf einem Kuchengitter trocknen lassen.

Geschmacks-Variante

Den Marzipanteig wie im Grundrezept beschrieben zubereiten und zu kirschgroßen Kugeln formen. 1 Eigelb mit 2 TL Milch verrühren und durch ein Sieb streichen. Die Marzipankugeln damit bestreichen und jeweils 3 Mandelhälften andrücken. Die Bethmännchen auf ein mit Backpapier ausgelegtes Blech setzen. Im vorgeheizten Ofen bei 160° (Mitte, Umluft 140°) 15–20 Min. backen.

im Bild links Bethmännchen ◆ *im Bild rechts* Husarenkrapfen

Bärentatzen

herrlich knusprig und schokoladig

ZUBEREITUNG 45 Min.
KÜHLEN 30 Min.
BACKEN 15 Min.
PRO STÜCK 95 kcal

ZUTATEN für ca. 50 Stück
60 g Zartbitterschokolade
200 g weiche Butter
100 g feiner Zucker
1 Päckchen Vanillezucker
1/4 TL frisch geriebene Muskatnuss
150 g gemahlene Mandeln
300 g Mehl
100 g Zartbitterkuvertüre
1 Bärentatzenförmchen

1 Die Schokolade in Stücke brechen und in einer Schüssel über dem heißen Wasserbad schmelzen lassen. Die Butter mit Zucker, geschmolzener Schokolade, Vanillezucker und Muskatnuss mit den Schneebesen des Handrührgeräts cremig rühren. Die Masse mit Mandeln und Mehl rasch zu einem glatten Teig verarbeiten. Den Teig in Klarsichtfolie wickeln und 30 Min. in den Kühlschrank legen.

2 Den Backofen auf 175° (Umluft 160°) vorheizen. Das Backblech mit Backpapier auslegen. Den Teig halbieren und jede Hälfte zu einer ca. 25 cm langen Rolle formen. Die Teigrollen in 50 Scheiben schneiden, diese zu Kugeln formen und nacheinander in ein Bärentatzenförmchen geben, dann flach drücken und auf das Blech stürzen. Im Backofen (Mitte) ca. 15 Min. backen. Herausnehmen und auf einem Kuchengitter abkühlen lassen.

3 Die Kuvertüre fein hacken und in einer Schüssel über dem heißen Wasserbad schmelzen lassen. Ein Kuchengitter auf Backpapier stellen. Die Bärentatzen jeweils zur Hälfte in die Kuvertüre tauchen und auf dem Kuchengitter trocknen lassen.

Wespenstiche

gelingt leicht

ZUBEREITUNG 25 Min.
BACKEN 25 Min.
TROCKNEN 1 Std.
PRO STÜCK 65 kcal

ZUTATEN für ca. 40 Stück
100 g Zartbitterschokolade
100 g gehackte Mandeln
100 g Mandelstifte
1 EL Puderzucker | 3 Eiweiß
1 Prise Salz | 200 g feiner Zucker

1 Die Schokolade fein reiben und bis zum Gebrauch kühl stellen. Die gehackten Mandeln und Mandelstifte mit dem Puderzucker mischen. Die Mischung in einer Pfanne ohne Fett unter Rühren kurz rösten, dann abkühlen lassen.

2 Den Backofen auf 140° (Umluft 120°) vorheizen. Das Backblech mit Backpapier auslegen. Die Eiweiße mit Salz und Zucker über dem heißen Wasserbad mit den Schneebesen des Handrührgeräts dickschaumig aufschlagen. Die geriebene Schokolade und Mandelmischung dazugeben und locker unterheben.

3 Von dem Teig mit zwei Teelöffeln kleine Häufchen mit etwas Abstand auf das Blech setzen. Im Backofen (Mitte) ca. 25 Min. backen. Den Backofen ausschalten und die Plätzchen bei leicht geöffneter Backofentür in ca. 1 Std. trocknen lassen. Die Wespenstiche herausnehmen und auf einem Kuchengitter abkühlen lassen, dann trocken aufbewahren.

Variante mit Haselnüssen und Zimt

100 g Zartbitterschokolade schmelzen lassen. 150 g Haselnusskerne grob hacken. 3 Eiweiß mit 150 g Zucker und 1/4 TL Zimtpulver steif schlagen. Die leicht abgekühlte Schokolade und Haselnüsse unter die Eiweißmasse heben. Dann wie beschrieben backen.

Mürbeteig-Ausstecherli

ein Muss auf dem Plätzchenteller

ZUBEREITUNG 1 Std.
KÜHLEN 1 Std.
BACKEN 12 Min.
PRO STÜCK 80 kcal

ZUTATEN für ca. 60 Stück
Für den Teig:
1 Bio-Zitrone
200 g weiche Butter
125 g Puderzucker
1 Ei | 2 Eigelb
450 g Mehl
Für die Glasur:
200 g Puderzucker
2 TL frisch gepresster Zitronensaft
Ausstechformen (winterliche Motive, z. B. von Tortissimo Winter: Skijacke, Hose, Mütze, Schuhe)
rote und grüne Speisefarbe
bunte Zuckerperlen

1 Die Zitrone heiß waschen, abtrocknen und die Schale fein abreiben. Die Butter, den Puderzucker, die Zitronenschale, Ei und Eigelbe mit den Schneebesen des Handrührgeräts glatt rühren. Mit dem Mehl auf eine Arbeitsfläche häufen und alles rasch zu einem Mürbeteig verkneten. Den Teig in Klarsichtfolie wickeln und 1 Std. in den Kühlschrank legen.

2 Den Backofen auf 180° (160°) vorheizen. Das Backblech mit Backpapier auslegen. Den Teig auf einer bemehlten Arbeitsfläche ca. 3 mm dick ausrollen. Mit den Ausstechformen winterliche Motive ausstechen und auf das Blech legen. Im Backofen (Mitte) ca. 12 Min. backen. Die Plätzchen herausnehmen, mit dem Backpapier vom Blech ziehen und auf einem Kuchengitter abkühlen lassen.

3 Für die Glasur den Puderzucker mit 2–3 EL lauwarmem Wasser und dem Zitronensaft zu einem dickflüssigen Zuckerguss verrühren. Den Guss in drei Schälchen verteilen. Zwei Schälchen mit je 2 Tropfen roter und grüner Speisefarbe einfärben. Die Plätzchen nach Belieben mit weißer, roter oder grüner Glasur und den Zuckerperlen verzieren.

Variante Schokoladen-Ausstecherli

Für 60 Stück: 200 g weiche Butter mit 125 g Puderzucker, 1 Päckchen Vanillezucker, 1 Ei und 2 Eigelb mit den Schneebesen des Handrührgeräts schaumig rühren. 450 g Mehl mit 2 EL Kakaopulver mischen und unterkneten. Den Teig in Klarsichtfolie wickeln und 1 Std. in den Kühlschrank legen. Dann den Teig auf einer bemehlten Arbeitsfläche ca. 3 mm dick ausrollen. Mit Ausstechformen Motive (z. B. Elche oder Hirsche und Tannenbäume) ausstechen und auf das Blech legen. Im Backofen bei 180° (Mitte, Umluft 160°) ca. 12 Min. backen. Die Plätzchen herausnehmen, mit dem Backpapier vom Blech ziehen und abkühlen lassen. Für die Verzierung 1 ganz frisches Eiweiß erst halbsteif schlagen, dann mit 150 g Puderzucker unter ständigem Rühren steif schlagen. Die Glasur in einen Einwegspritzbeutel oder Gefrierbeutel füllen, ein kleines Loch einstechen und die Konturen der Plätzchen mit der Glasur nachziehen. Den Guss trocknen lassen.

Bild unten rechts Mürbeteig-Ausstecherli

Walnuss-Cranberry-Cookies

echt crunchy

ZUBEREITUNG 30 Min.
BACKEN 15 Min.
PRO STÜCK 110 kcal

ZUTATEN für ca. 25 Stück
100 g Walnusskerne
100 g Rohrzucker
50 g getrocknete Cranberrys
150 g Dinkelmehl (Type 630)
1 TL Backpulver
150 g weiche Butter | 1 Ei

1 Die Walnusskerne grob hacken und in einer kleinen Pfanne bei mittlerer Hitze unter Rühren rösten, bis sie duften. 1 EL Zucker darüberstreuen und karamellisieren lassen. Die Nüsse herausnehmen und abkühlen lassen.

2 Den Backofen auf 180° (Umluft 160°) vorheizen. Das Backblech mit Backpapier auslegen. Die Cranberrys grob hacken. Das Mehl mit dem Backpulver mischen.

3 Die Butter, den übrigen Zucker und das Ei mit den Schneebesen des Handrührgeräts cremig rühren. Das Mehl dazugeben und zügig unterarbeiten. Die Nüsse und Cranberrys hinzufügen und rasch untermengen.

4 Den Teig mit zwei Teelöffeln in walnussgroße Häufchen mit etwas Abstand auf das Blech setzen, dann flach drücken und nach Belieben rund formen. Im Backofen (Mitte) in ca. 15 Min. goldbraun backen. Die Cookies herausnehmen, mit dem Backpapier vom Blech ziehen und auf einem Kuchengitter abkühlen lassen.

Variante Pinienkern-Dattel-Cookies

Für ca. 25 Stück: 100g Pinienkerne in einer Pfanne ohne Fett bei mittlerer Hitze goldbraun rösten. 50g getrocknete Datteln grob hacken. 150g weiche Butter, 80g Rohrzucker und 1 Ei cremig rühren. 200g Mehl und 1 TL Backpulver mischen und zügig unterarbeiten. Datteln und Pinienkerne rasch untermengen. Aus dem Teig, wie in Schritt 4 beschrieben, Cookies formen. Mit 2 Päckchen Vanillezucker bestreuen und backen.

Macadamia-Brownies

schmecken frisch am allerbesten

ZUBEREITUNG 45 Min.
BACKEN 20 Min.
PRO STÜCK 120 kcal

ZUTATEN für 1 flache, rechteckige Backform (20x25 cm; ca. 42 Stück)
300 g Zartbitterschokolade (oder weiße Schokolade)
100 g Butter | 200 g gesalzene Macadamianüsse
100 g Zucker | 5 Eier
50 g gemahlene Mandeln | 50 g Mehl

1 Den Backofen auf 200° (Umluft 180°) vorheizen. Die Backform mit Backpapier auslegen. 150 g Schokolade hacken und mit der Butter in einem kleinen Topf bei kleiner Hitze unter Rühren schmelzen, dann leicht abkühlen lassen. Die Macadamianüsse grob hacken.

2 Zucker, Eier und Schokoladenmischung mit den Schneebesen des Handrührgeräts verrühren. Die gemahlenen Mandeln und das Mehl mischen und unterrühren, die gehackten Nüsse unterheben. Den Teig in die Backform geben und gleichmäßig verstreichen. Im Backofen (Mitte) 18–20 Min. backen. Der Kuchen sollte innen noch feucht sein, dann herausnehmen und in der Form abkühlen lassen.

3 Inzwischen die übrige Schokolade fein hacken und in einer Schüssel über dem heißen Wasserbad schmelzen lassen. Die Kuchenplatte in ca. 3,5 cm große Würfel schneiden. Die Brownies mit der Oberfläche in die Schokolade tauchen, dann fest werden lassen.

Deko-Tipp

Aus 50g Puderzucker und 3–5 TL frisch gepresstem Zitronensaft oder Wasser einen dicklichen, spritzfähigen Guss rühren. In einen Spritzbeutel aus Papier (siehe Seite 158) füllen und die Spitze abschneiden. Den Guss in feinen Eiskristallen auf die Brownies malen und mit weißem Dekor-Zucker oder grobem Kristallzucker bestreuen. Dann trocknen lassen.

im Bild links Macadamia-Brownies ◆ *im Bild rechts* Walnuss-Cranberry-Cookies

Gingerbread-Bambis

X-mas-Hit aus den USA

ZUBEREITUNG 50 Min.
KÜHLEN 2 Std.
BACKEN 7 Min.
PRO STÜCK 80 kcal

ZUTATEN für ca. 30 Stück
100 g weiche Butter | 80 g Rohrzucker
100 g Zuckerrübensirup | 1 Ei | 300 g Mehl
1/2 TL Backpulver | 1 EL Ingwerpulver
1 TL Zimtpulver | 1/4 TL gemahlene Nelken
1/4 TL gemahlene Muskatblüte (Macis)
1/4 TL gemahlenes Piment | 1/2 TL Salz
Rehkitz-Ausstechform (ca. 7 cm)

1 Die Butter und den Zucker mit den Schneebesen des Handrührgeräts (noch besser ist die Küchenmaschine) in ca. 5 Min. hellcremig rühren. Dann nacheinander den Zuckerrübensirup und das Ei unterrühren.

2 Das Mehl mit Backpulver, Ingwer- und Zimtpulver, gemahlenen Nelken, Muskatblüte, Piment und Salz mischen. Die Mehl-Gewürz-Mischung zur Buttermasse geben und zügig unterrühren. Den Teig zu einer Kugel verkneten, in Klarsichtfolie wickeln und 2 Std. in den Kühlschrank legen.

3 Den Backofen auf 200° (Umluft 180°) vorheizen. Das Backblech mit Backpapier auslegen. Den Teig auf einer bemehlten Arbeitsfläche gut 0,5 cm dick ausrollen und mit der Ausstechform 30 kleine Rehkitze ausstechen. Die Bambis auf das Blech legen und im Backofen (Mitte) in 5–7 Min. hellbraun backen. Die Bambis herausnehmen, mit dem Backpapier vom Blech ziehen und auf einem Kuchengitter abkühlen lassen.

Variante mit Ingwerkonfitüre oder Schokolade

Für ca. 20 Stück: Den Teig wie beschrieben zubereiten und kühlen. Dann ca. 3 mm dick ausrollen, die Rehkitze ausstechen und auf das mit Backpapier ausgelegte Blech legen. Im vorgeheizten Ofen bei 200° (Mitte, Umluft 180°) in 3–5 Min. hellbraun backen. Herausnehmen, mit dem Backpapier vom Blech ziehen und abkühlen lassen. 150 g Ingwerkonfitüre erhitzen oder 150 g Vollmilchschokolade in einer Schüssel über dem Wasserbad schmelzen, dann abkühlen lassen, bis die Schokolade fast streichfähig ist. Die Hälfte der Plätzchen mit Konfitüre oder Schokolade bestreichen, die übrigen jeweils daraufsetzen und leicht andrücken. Die Füllung fest werden lassen.

Deko-Tipp

Besonders hübsch sehen die Bambis aus, wenn Sie ihnen noch mit weißer Puderzuckerglasur (Puderzucker mit wenig Wasser oder frisch gepresstem Zitronensaft zu einem dickflüssigen Guss verrühren) oder geschmolzener weißer Schokolade Augen und die typischen Fellflecken am Rücken aufmalen. Dann trocknen lassen.

Shortbread-Eisbären

Feines aus Großbritannien

ZUBEREITUNG 40 Min.
KÜHLEN 1 Std. 30 Min.
BACKEN 15 Min.
PRO STÜCK 100 kcal

ZUTATEN für ca. 30 Stück
300 g Mehl
2 gehäufte EL Speisestärke
1 TL Backpulver
200 g weiche Butter
100 g feiner Zucker
1 Päckchen Vanillezucker
1/2 TL Salz
Eisbären-Ausstechform (ca. 6 cm)
grober Zucker zum Bestreuen

1 Das Mehl mit der Speisestärke und dem Backpulver mischen. Die Butter, den Zucker, Vanillezucker und das Salz mit den Schneebesen des Handrührgeräts cremig rühren. Die Hälfte der Mehlmischung dazugeben und zügig unterrühren. Die übrige Mehlmischung hinzufügen und rasch unterkneten. Den Teig in Klarsichtfolie wickeln und 30 Min. in den Kühlschrank legen.

2 Den Teig auf einer bemehlten Arbeitsfläche ca. 1 cm dick ausrollen und mit einer Ausstechform vorsichtig 30 kleine Eisbären ausstechen. Diese auf ein Brett legen, in den Kühlschrank stellen und 1 Std. ruhen lassen.

3 Den Backofen auf 180° (Umluft 160°) vorheizen. Das Backblech mit Backpapier auslegen. Die Eisbären vorsichtig auf das Blech legen und mit grobem Zucker bestreuen. Im Backofen (Mitte) ca. 15 Min. backen. Die Eisbären herausnehmen, mit dem Backpapier vom Backblech ziehen und auf einem Kuchengitter abkühlen lassen.

Tipp – so geht's schneller

Wem das Eisbären-Ausstechen zu kompliziert ist, der formt aus dem Teig einfach wie im Original kleine Barren. Dafür den Teig nach dem Kneten zu einem 1,5 cm hohen Rechteck ausrollen. Das Teigrechteck in ca. 2 x 6 cm große Stangen schneiden und diese 1 Std. kühlen. Die Teigstangen mit einer Gabel einstechen, mit grobem Zucker bestreuen und ca. 18 Min. backen.

Deko-Variante

Die Eisbären wie beschrieben ausstechen, kühlen, nicht mit grobem Zucker bestreuen und dann backen. Die Plätzchen abkühlen lassen, dünn mit ca. 100 g geschmolzener weißer Schokolade bestreichen und mit Kokosraspeln ein Fell aufstreuen. Dann trocknen lassen. Nach Belieben mit brauner oder schwarzer Zuckerschrift Augen und Mund aufmalen.

Florentiner

verführerisch und unwiderstehlich

ZUBEREITUNG 1 Std.
BACKEN 12 Min.
PRO STÜCK 75 kcal

ZUTATEN für ca. 40 Stück
50 g kandierte Früchte (z. B. Kirschen, Orangen oder Limetten)
50 g Butter
75 g Zucker
1 Päckchen Vanillezucker
150 g Sahne
50 g Honig
1 EL Mehl
50 g gehackte Mandeln
100 g Mandelblättchen
100 g Zartbitterkuvertüre
1 TL neutrales Öl
runde Ausstechform (ca. 5 cm Ø)

1 Die kandierten Früchte sehr fein hacken. Die Butter mit Zucker, Vanillezucker, Sahne und Honig in einen Topf geben und unter Rühren aufkochen lassen. Die kandierten Früchte und das Mehl unterrühren und ca. 2 Min. köcheln lassen. Die gehackten Mandeln und Mandelblättchen unterrühren und bei abgeschalteter Herdplatte kurz ziehen lassen.

2 Den Backofen auf 175° (Umluft 160°) vorheizen. Das Backblech mit Backpapier auslegen. Von der Mandelmasse mit zwei Teelöffeln kleine Häufchen im Abstand von ca. 4 cm auf das Blech setzen. Im Backofen (Mitte) in 10–12 Min. goldbraun backen, dann herausnehmen.

3 Die Ausstechform um die heißen Florentiner setzen und durch Ruckeln in eine runde Form bringen, dann abkühlen lassen. Die Florentiner mit einer Palette vorsichtig vom Backpapier lösen und umgedreht auf ein Kuchengitter legen.

4 Die Kuvertüre grob hacken und in einer Schüssel mit dem Öl über dem heißen Wasserbad unter Rühren schmelzen lassen. Die flache Unterseite der Florentiner mit Kuvertüre überziehen. Mit einer Gabel Wellenlinien in die Kuvertüre ziehen.

Pinienseufzer

Feines aus Italien

ZUBEREITUNG 20 Min.
BACKEN 10 Min.
PRO STÜCK 60 kcal

ZUTATEN für ca. 50 Stück
200 g Pinienkerne
150 g gehackte Mandeln
175 g feiner Zucker
2 EL Speisestärke
1 TL abgeriebene Schale von 1 Bio-Zitrone
2 Eiweiß
1 Prise Salz

1 100 g Pinienkerne grob hacken. Mit den Mandeln in einer kleinen Pfanne ohne Fett unter Rühren kurz rösten, dann abkühlen lassen. Den Zucker mit der Speisestärke und der Zitronenschale mischen. Den Backofen auf 160° (Umluft 140°) vorheizen. Das Backblech mit Backpapier auslegen.

2 Eiweiße mit Salz nicht zu steif schlagen. Die Pinienkern-Mandel-Mischung vorsichtig unter den Eischnee ziehen. Von der Masse mit einem Teelöffel walnussgroße Häufchen mit etwas Abstand auf das Blech setzen und jeweils 3–4 ungeröstete Pinienkerne hineindrücken.

3 Im Backofen (Mitte) ca. 10 Min. backen. Die Plätzchen herausnehmen, mit dem Backpapier vom Blech ziehen und abkühlen lassen. Die Pinienseufzer mit einer Palette vorsichtig vom Backpapier lösen.

Variante Pinienplätzchen

Für ca. 50 Stück: 200 g Marzipanrohmasse mit 75 g Puderzucker, 40 g Mehl, 1 Eiweiß und 1 TL abgeriebener Schale von 1 Bio-Orange verkneten. Aus der Masse 50 Bällchen formen, die Bällchen in ca. 50 g Pinienkernen wälzen und leicht andrücken. Im vorgeheizten Ofen bei 160° (Mitte, Umluft 140°) 10–12 Min. backen.

Eisblumen

zum Dahinschmelzen gut

ZUBEREITUNG 25 Min.
KÜHLEN 30 Min.
BACKEN 10 Min.
PRO STÜCK 125 kcal

ZUTATEN für ca. 35 Stück
250 g weiche Butter
300 g Puderzucker
2 Vanilleschoten
200 g Mehl
175 g Speisestärke
3–4 EL lauwarme Milch
1 EL frisch gepresster Zitronensaft
runde Ausstechform (ca. 4 cm Ø)

1 Butter und 100 g Puderzucker mit den Schneebesen des Handrührgeräts cremig rühren. Die Vanilleschoten längs aufschlitzen, das Mark mit einem kleinen Messer herauskratzen und unterrühren. Das Mehl mit der Speisestärke mischen und mit der Buttermasse zu einem glatten Teig verkneten. Den Teig in Klarsichtfolie wickeln und 30 Min. in den Kühlschrank legen.

2 Den Backofen auf 175° (Umluft 160°) vorheizen. Das Backblech mit Backpapier auslegen. Den Teig auf einer bemehlten Arbeitsfläche ca. 3 mm dick ausrollen. Mit einer runden Ausstechform 35 Kreise ausstechen und auf das Blech legen. Im Backofen (Mitte) in ca. 10 Min. goldbraun backen. Herausnehmen, mit dem Backpapier vorm Blech ziehen und abkühlen lassen.

3 Inzwischen 100 g Puderzucker mit 2 EL lauwarmer Milch und dem Zitronensaft verrühren. Die Plätzchen damit bestreichen. 100 g Puderzucker mit 1–2 EL lauwarmer Milch zu einem dickflüssigen Guss verrühren. Den Guss in einen Einwegspritzbeutel füllen, ein winziges Loch in den Beutel stechen und den Guss als Eisblumen auf die Plätzchen spritzen.

Variante Schneeflöckchen

Für ca. 50 Stück: 250 g weiche Butter mit 100 g Puderzucker, 1 Ei und dem Mark von 2 Vanilleschoten cremig rühren. 200 g Mehl und 175 g Speisestärke mischen und mit der Buttermasse rasch zu einem glatten Teig verarbeiten. In Klarsichtfolie wickeln und 30 Min. kalt stellen. Den Teig auf einer bemehlten Arbeitsfläche ca. 3 mm dick ausrollen, 50 Kreise (ca. 5 cm Ø) ausstechen und diese auf ein mit Backpapier ausgelegtes Blech legen. Im vorgeheizten Ofen bei 175° (Mitte, Umluft 160°) ca. 10 Min. backen. Dann herausnehmen und den Ofen auf 60° (Umluft 40°) schalten. Inzwischen 1 Eiweiß mit 1 Prise Salz und 50 g Zucker steif schlagen. 1 TL frisch gepressten Limettensaft unterrühren. Den Eischnee in einen Spritzbeutel mit feiner Lochtülle (ca. 3 mm Ø) geben. 2 EL Zitronengelee in einem kleinen Topf erwärmen und die Plätzchen damit bestreichen. Die Eiweißmasse in Tupfen als Schneeflocken auf die Plätzchen spritzen. Im Backofen (Mitte) 1 Std. trocknen lassen. Den Ofen ausschalten und die Plätzchen noch ca. 1 Std. nachtrocknen lassen.

Klassische Variante

Für 20 Stück: 250 g weiche Butter mit 100 g Puderzucker und dem Mark von 2 Vanilleschoten cremig rühren. 120 g Mehl mit 250 g Speisestärke mischen und die Mischung mit der Buttermasse rasch zu einem glatten Teig verkneten. Den Teig zu drei gleich großen Rollen (ca. 3 cm Ø) formen. Die Rollen in Klarsichtfolie wickeln, 30 Min. kalt stellen. Dann die Rollen in 20 Scheiben schneiden, die Scheiben zu Kugeln formen, diese auf ein mit Backpapier ausgelegtes Blech setzen und mit einer Gabel etwas flach drücken. Im vorgeheizten Backofen bei 175° (Mitte, Umluft 160°) 12–15 Min. backen. Die Plätzchen herausnehmen und abkühlen lassen. Mit Puderzucker bestäuben.

Basler Herzen

aromatische Grüße aus der Schweiz

ZUBEREITUNG 45 Min.
RUHEN 13 Std.
BACKEN 8 Min.
PRO STÜCK 70 kcal

ZUTATEN für ca. 45 Stück
100 g Zartbitterschokolade
250 g gemahlene Mandeln
250 g Puderzucker
1 TL Kakaopulver
1/4 TL Zimtpulver
1 Prise gemahlene Nelken
2 Eiweiß
1 Prise Salz
1 EL Kirschwasser oder Rum
(nach Belieben)
Zucker zum Bestreuen und Wenden
Herz-Ausstechform

1 Die Schokolade grob hacken und in einer Schüssel über dem heißen Wasserbad schmelzen lassen. Die Mandeln in einer Pfanne ohne Fett unter Rühren kurz rösten, dann abkühlen lassen. Mit Puderzucker, Kakaopulver, Zimtpulver und gemahlenen Nelken mischen.

2 Die Eiweiße mit dem Salz steif schlagen. Den Eischnee nach und nach unter die Mandelmischung ziehen. Die Schokolade und nach Belieben das Kirschwasser oder den Rum dazugeben und zu einem festen formbaren Teig verkneten. Den Teig in Klarsichtfolie wickeln und 1 Std. in den Kühlschrank legen.

3 Zwei Backbleche mit Backpapier auslegen und mit Zucker bestreuen. Den Teig zwischen Klarsichtfolie oder auf einer gezuckerten Arbeitsfläche ca. 1 cm dick ausrollen. Aus dem Teig 45 Herzen ausstechen, diese auf die Bleche legen und offen ca. 12 Std. bei Zimmertemperatur trocknen lassen.

4 Den Backofen auf 200° (Umluft 180°) vorheizen. Die Basler Herzen im Backofen (Mitte) 6–8 Min. backen. Sie sollten innen noch feucht und nicht durchgebacken sein. Die Herzen herausnehmen, mit dem Backpapier vom Blech ziehen und abkühlen lassen. Die Konturen der Herzen mit wenig Wasser bestreichen und leicht mit Zucker bestreuen.

Deko-Tipp

50 g Zartbitter-Schokoglasur nach Packungsangabe schmelzen lassen. Die Herzen damit bestreichen. Oder die Schokoladenglasur in einen Einwegspritzbeutel füllen, ein winziges Loch in den Beutel stechen und die Glasur in feinen Linien auf die Herzen spritzen.

Mozartkrapfen

purer Genuss

ZUBEREITUNG 50 Min.
KÜHLEN 30 Min.
BACKEN 10 Min.
PRO STÜCK 115 kcal

ZUTATEN für ca. 40 Stück

Für den Teig:
225 g Mehl
1 Prise Salz
125 g gemahlene Haselnüsse
75 g Zucker
1 Ei
100 g kalte Butter

Für die Füllung:
75 g gemahlene Haselnüsse | 100 g weiche Butter
75 g Puderzucker | 2 EL Rum (nach Belieben)
ca. 40 ganze Haselnusskerne
runde Ausstechform (ca. 3–4 cm Ø)

1 Das Mehl mit Salz und den gemahlenen Haselnüssen mischen und auf eine Arbeitsfläche häufen. In die Mitte eine Mulde drücken, den Zucker und das Ei hineingeben. Die Butter in kleinen Flöckchen darauf verteilen. Alles mit einem großen Messer fein hacken und rasch zu einem Mürbeteig verkneten. Den Teig in Klarsichtfolie wickeln und 30 Min. in den Kühlschrank legen.

2 Für die Füllung die gemahlenen Haselnüsse in einer kleinen Pfanne ohne Fett unter Rühren rösten, bis sie duften. Dann herausnehmen und abkühlen lassen.

3 Die Butter, den Puderzucker und nach Belieben den Rum mit den Schneebesen des Handrührgeräts cremig rühren. Die gerösteten Haselnüsse dazugeben und zu einer glatten Creme verrühren. Zugedeckt bis zum Gebrauch in den Kühlschrank stellen.

4 Ofen auf 180° (Umluft 160°) vorheizen. Das Backblech mit Backpapier auslegen. Den Teig auf einer bemehlten Arbeitsfläche 2–3 mm dick ausrollen. Mit der Ausstechform 40 Kreise ausstechen und auf das Blech legen. Im Backofen (Mitte) 8–10 Min. backen. Die Plätzchen herausnehmen, mit dem Backpapier vom Blech ziehen und auf einem Kuchengitter abkühlen lassen.

5 Die Plätzchen mit zwei Dritteln der Creme bestreichen und jeweils zwei zusammensetzen. Die restliche Creme in einen Spritzbeutel mit winziger Öffnung füllen. Jeweils einen Tupfen auf die Plätzchen spritzen und je 1 ganze Haselnuss hineindrücken.

Variante mit Pistaziencreme

Die Plätzchen wie beschrieben zubereiten und backen. Für die Füllung 100 g weiche Butter mit 75 g Puderzucker mit den Schneebesen des Handrührgeräts cremig rühren. 50 g geschälte gemahlene Mandeln, 30 g gemahlene Pistazienkerne und nach Belieben 1 TL Rum dazugeben und unterkneten. Die Plätzchen mit etwas Pistaziencreme bestreichen und jeweils zwei Plätzchen zusammensetzen. Die übrige Creme in einen Spritzbeutel geben oder mit zwei Teelöffeln in kleinen Tupfen auf den Plätzchen verteilen und je 1 Pistazienkern daraufsetzen.

Sacherwürfel

lassen sich gut vorbereiten

ZUBEREITUNG 1 Std. 30 Min.
BACKEN 45 Min.
PRO STÜCK 230 kcal

ZUTATEN für 1 Kastenform (10 x 30 cm; ca. 20 Stück)
Für den Teig:
1 Bio-Orange | 100 g Zartbitterschokolade | 4 Eier
100 g weiche Butter | 50 g Puderzucker | 1 Prise Salz
50 g Zucker | 75 g Mehl | 30 g Speisestärke
4 EL Aprikosenlikör (oder Johannisbeersaft)
Für die Glasur:
100 g weiße Kuvertüre | 200 g Zartbitterkuvertüre
100 g Zartbitter-Kuchenglasur

1 Den Backofen auf 180° vorheizen. Die Form mit Backpapier auslegen. Die Orange heiß waschen, abtrocknen und 1 TL Schale fein abreiben. Schokolade in Stücke brechen und über dem heißen Wasserbad schmelzen lassen. Die Eier trennen, die Eiweiße beiseitestellen. Butter und Puderzucker mit den Schneebesen des Handrührgeräts cremig rühren, die Eigelbe einzeln unterrühren. Orangenschale und geschmolzene Schokolade unterrühren.

2 Eiweiße mit Salz steif schlagen, den Zucker unter Rühren unterschlagen. Das Mehl mit der Speisestärke mischen. Die Mehlmischung und den Eischnee locker unter die Schokomasse heben.

3 Den Teig in die Kastenform füllen und glatt streichen. Im Ofen (Mitte, Umluft 160°) 40–45 Min. backen. Den Kuchen herausnehmen, leicht abkühlen lassen, dann aus der Form lösen. Das Backpapier abziehen. Die Oberfläche eventuell gerade schneiden, mit einem Holzstäbchen mehrmals einstechen, mit Aprikosenlikör beträufeln.

4 Die weiße Kuvertüre grob hacken und über dem heißen Wasserbad schmelzen lassen. In einen Einwegspritzbeutel oder Gefrierbeutel füllen, ein kleines Loch einstechen und beliebige Motive (z. B. Eiskristalle, Tannenbäumchen oder nur ein großes S) auf Backpapier spritzen. Die Motive an einem kühlen Ort erstarren lassen.

5 Die Zartbitterkuvertüre und die Kuchenglasur grob hacken. In einer großen Rührschüssel über dem heißen Wasserbad unter Rühren schmelzen lassen. Den Schokokuchen längs halbieren und jede Hälfte quer in 10 gleich große Stücke schneiden, sodass 20 Würfel entstehen.

6 Die Würfel mit einer Fondue- oder Pralinengabel rundum in die geschmolzene Schokoladenmischung tauchen. Ein Kuchengitter auf Backpapier stellen, die Schokowürfel auf dem Kuchengitter abtropfen lassen. Die weißen Schokomotive vorsichtig vom Papier lösen und die Sacherwürfel damit verzieren.

Deko-Tipp

150 g Johannisbeergelee in einem kleinen Topf bei mittlerer Hitze erwärmen. Die Würfel nach dem Backen erst damit bestreichen und das Gelee kurz trocknen lassen. Danach die Würfel mit der Schokoladenglasur überziehen.

Juwelenstangen

zart-feiner Luxus

ZUBEREITUNG 45 Min.
KÜHLEN 30 Min.
BACKEN 15 Min.
PRO STÜCK 45 kcal

ZUTATEN für ca. 60 Stück
110 g weiche Butter
90 g Rohrzucker
1 Päckchen Vanillezucker
1 Ei | 2 Prisen Salz
175 g Mehl
100 g Macadamianüsse
Glitzerzucker (aus dem Backregal)

1 Die Butter mit dem Rohrzucker und dem Vanillezucker in einer Schüssel mit den Schneebesen des Handrührgeräts cremig rühren. Das Ei trennen. Das Eiweiß zum Bestreichen beiseitestellen.

2 Eigelb und Salz unter die Butter-Zucker-Mischung rühren. Das Mehl dazugeben und unter die Buttermasse kneten. Den Teig in Klarsichtfolie wickeln und 30 Min. in den Kühlschrank legen.

3 Inzwischen die Macadamianüsse fein blättrig hacken und auf einen flachen Teller geben. Den Backofen auf 175° (Umluft 160°) vorheizen. Das Backblech mit Backpapier auslegen. Den Teig auf einer bemehlten Arbeitsfläche ca. 0,5 cm dick ausrollen und mit einem Messer in ca. 2 x 5 cm lange Stangen schneiden. Die Teigstangen mit dem Eiweiß bestreichen und in den Macadamianüssen wälzen.

4 Die Stangen mit etwas Abstand auf das Blech legen. Im Backofen (Mitte) 12–15 Min. backen. Die Stangen herausnehmen, mit dem Backpapier vom Blech ziehen und mit Glitzerzucker bestreuen. Die Juwelenstangen auf einem Kuchengitter abkühlen lassen.

Variante Juwelenkugeln

Für 50 Stück: Den Teig in walnussgroße Kugeln formen und in gehackten Cashew- oder Macadamianüssen wälzen. Dann in die Mitte der Kugeln eine Mulde drücken und jeweils 1/2 Belegkirsche hineinsetzen. Die Plätzchen wie in Schritt 4 beschrieben backen. Herausnehmen, mit Glitzerzucker bestreuen und abkühlen lassen.

Variante mit Zuckerguss

Aus dem Teig walnussgroße Kugeln formen. In die Mitte der Kugeln eine Mulde drücken und jeweils 1/2 Belegkirsche hineinsetzen. Die Plätzchen wie in Schritt 4 beschrieben backen, dann herausnehmen und abkühlen lassen. 150 g Puderzucker mit 2 EL lauwarmer Milch und 1 TL Limettensaft glatt rühren. Die Kugeln damit glasieren und mit gehackten Macadamianüssen und Glitzerzucker bestreuen.

Lebkuchen-Donuts

für Naschkatzen

ZUBEREITUNG 30 Min.
BACKEN 20 Min.
PRO STÜCK 110 kcal

ZUTATEN für 36 Mini-Donuts
150 g Honig
75 g Rohrzucker
75 g Butter
2 TL Lebkuchengewürz
2 Eier
100 gehackte Mandeln
1 EL Puderzucker
250 g Dinkelmehl (Type 630)
1 TL Backpulver
2 TL Kakaopulver
1 Mini-Donuts-Blech
(12 Vertiefungen à 25 ml)
Butter für das Blech
150 g Vollmilch-Schokoladenglasur
Mini-Schokosterne für die Deko

1 Den Honig, den Rohrzucker und die Butter in einen Topf geben und unter Rühren bei kleiner Hitze erwärmen, bis sich der Zucker gelöst hat. Den Topf vom Herd nehmen und die Mischung etwas abkühlen lassen. Das Lebkuchengewürz und die Eier dazugeben und unter die Honigmasse rühren.

2 Die Mandeln mit dem Puderzucker mischen und in einer Pfanne ohne Fett unter Rühren kurz rösten, dann beiseitestellen. Das Dinkelmehl mit Backpulver und Kakaopulver mischen. Die Mehlmischung unter die Honigmasse rühren. Die Mandeln dazugeben und unterheben.

3 Den Backofen auf 175° (Umluft 160°) vorheizen. Das Mini-Donuts-Blech mit etwas Butter einfetten. Jeweils ein Drittel von dem Teig in die Vertiefungen füllen. Im Ofen (Mitte) 15–20 Min. backen. Die Donuts herausnehmen, 5 Min. abkühlen lassen und aus den Vertiefungen lösen. Aus dem restlichen Teig auf die gleiche Weise die übrigen Donuts backen.

4 Die Vollmilch-Schokoladenglasur nach Packungsangabe schmelzen lassen. Die abgekühlten Donuts mit der Glasur überziehen und mit den Mini-Schokosternen bestreuen.

Variante Schwarz-weiße Donuts

Für 36 Stück: 150 g Honig mit 75 g Rohrzucker und 75 g Butter in einem Topf unter Rühren bei mittlerer Hitze erhitzen, bis sich der Zucker gelöst hat. Den Topf vom Herd nehmen und die Mischung etwas abkühlen lassen. 2 TL Lebkuchengewürz und 2 Eier unterrühren. 250 g Dinkelmehl mit 1 TL Backpulver mischen und unter die Honigmasse rühren. Den Teig in die gefetteten Vertiefungen des Mini-Donuts-Blechs geben und wie in Schritt 3 beschrieben backen und abkühlen lassen. Inzwischen 100 g Johannisbeergelee erwärmen und die Donuts damit bestreichen. Jeweils 100 g weiße Schokoladenglasur und Zartbitter-Schokoladenglasur nach Packungsangabe schmelzen lassen. 18 Donuts mit der weißen Glasur und die restlichen mit der dunklen Glasur überziehen. Nach Belieben mit hellen und dunklen Schokosternen bestreuen.

Austausch-Tipps

Sie können die Donuts statt mit gerösteten Mandeln auch mit Schokolade zubereiten. Den Teig wie beschrieben ohne Mandeln herstellen. Dann zum Schluss 50 g Schokostreusel oder Schokoblättchen (Fertigprodukt aus dem Backregal) unter den Teig rühren. Den Teig in die Vertiefungen der Form füllen und backen. Und anstelle der Vollmilch-Schokoladenglasur nehmen Sie nach Belieben zartbittere.

Herzige Anisknusperle

hauchzarte Verführung

ZUBEREITUNG 50 Min.
KÜHLEN 2 Std.
BACKEN 7 Min.
PRO STÜCK 40 kcal

ZUTATEN für ca. 25 Stück
50 g Butter
2 EL Anissamen
50 g Mehl
80 g Puderzucker
1 Prise Salz
2 Eiweiß
Herz-Ausstechform (ca. 10 cm)

1 Die Butter in einem kleinen Topf schmelzen, dann lauwarm werden lassen. Die Anissamen im Mörser fein zerreiben und mit dem Mehl mischen. Butter, Mehlmischung, Puderzucker, Salz und die Eiweiße mit den Schneebesen des Handrührgeräts verrühren. Den Teig abgedeckt 2 Std. in den Kühlschrank stellen.

2 Den Backofen auf 180° (Umluft 160°) vorheizen. Das Backblech dünn mit Butter einfetten und fein mit etwas Mehl bestäuben. Den Teig nach und nach mit Hilfe der Ausstechform in großen Herzen hauchdünn und gleichmäßig mit einem Backpinsel auf das Blech streichen.

3 Die Herzen im Backofen (Mitte) ca. 5 Min. backen. Dann herausnehmen, die Herzen vorsichtig mit einer Palette vom Blech lösen und das Blech mit den Herzen wieder in den Backofen schieben. Die Knusperle in 1–2 Min. fertig backen, bis sie goldbraun sind.

4 Die Knusperle herausnehmen und nacheinander vorsichtig vom Blech heben. Nach Belieben sofort über ein Nudelholz legen, andrücken und so eine Wölbung formen (siehe Back-Tipp). Die gewölbten Knusperle abnehmen und auf einem Kuchengitter abkühlen lassen.

Tipp – schön in Form

Wer möchte, kann die Herzen auch mit einer Schablone aufstreichen: Dann eine selbst gemachte Herz-Schablone aus eingeöltem Karton auf das Blech legen und hauchdünn mit dem Teig »füllen«. Den Vorgang so oft wiederholen, bis der Teig aufgebraucht ist.

Back-Tipp

Soll das Gebäck geformt werden, nur ein paar Herzen auf das Blech streichen, da die gebackenen Knusperle schnell abkühlen, hart werden und beim Formen brechen. Am besten am Ende der Backzeit die Backofentüre öffnen, das Blech nur ein wenig herausziehen, dann nach und nach die Gebäckstücke vorsichtig abheben und sofort formen. Mit Hilfe der Backofenwärme lassen sich die Herzen sehr gut formen.

Schiefe Tannen

machen Weihnachtslaune bei Groß und Klein

ZUBEREITUNG 40 Min.
KÜHLEN 1 Std.
BACKEN 15 Min.
PRO STÜCK 170 kcal

ZUTATEN für ca. 15 Stück
150 g Mehl
50 g Speisestärke
100 g kalte Butter
100 g Zucker
1 Ei | 1 Prise Salz
5–8 Tropfen flüssiges Back-Aroma (oder 1–2 TL Aroma-Paste, z. B. Bittermandel, Butter-Vanille, Rum, Zitrone, Pfefferminze)
1 Eiweiß
100 g Puderzucker
Schiefe-Tannen-Ausstechform (ca. 9 cm; oder Tannenbaum-Ausstechform)
Zucker-Schneeflocken und bunte Mini-Schokolinsen zum Dekorieren

1 Das Mehl und die Speisestärke mischen. Mit Butter in Flöckchen, Zucker, Ei, Salz und dem Aroma auf eine Arbeitsfläche häufen. Alles mit einem großen Messer fein hacken und rasch zu einem Mürbeteig verkneten. Den Teig in Klarsichtfolie wickeln und 1 Std. in den Kühlschrank legen.

2 Den Backofen auf 180° (Umluft 160°) vorheizen. Das Backblech mit Backpapier auslegen. Den Teig auf einer bemehlten Arbeitsfläche ca. 0,5 cm dick ausrollen und mit der Ausstechform 15 schiefe Tannen ausstechen. Die Teigtannen auf das Blech legen.

3 Die Tannen im Backofen (Mitte) in 12–15 Min. goldbraun backen. Das Gebäck herausnehmen, mit dem Backpapier vom Blech ziehen und auf einem Kuchengitter abkühlen lassen.

4 Das Eiweiß und den Puderzucker mit den Schneebesen des Handrührgeräts zu einer weißen, dicklichen Glasur aufschlagen und mit einem feinen Pinsel oder einem Spritzbeutel aus Papier als Schnee auf die Oberseite der Tannenzweige malen. Mit den Zucker-Schneeflocken und den Schokolinsen als Christbaumkugeln dekorieren. Dann trocknen lassen.

Saure-Brause-Kekse

bitzeln nicht nur auf Kinderzungen

ZUBEREITUNG 35 Min.
BACKEN 12 Min.
PRO STÜCK 90 kcal

ZUTATEN für ca. 20 Stück
1 kleine Bio-Zitrone
150 g Mehl
1 TL Backpulver
50 g gemahlene geschälte Mandeln
80 g Zucker
50 g weiche Butter
1 Ei
7 Päckchen Brausepulver (z. B. mit Zitronen-, Waldmeister-, Himbeer-, Orangen- oder Cola-Geschmack)

1 Den Backofen auf 180° (Umluft 160°) vorheizen. Das Backblech mit Backpapier auslegen. Die Zitrone heiß waschen und abtrocknen, die Schale fein abreiben und 3–4 EL Saft auspressen. Das Mehl mit dem Backpulver und den Mandeln mischen.

2 Den Zucker und die Butter mit den Schneebesen des Handrührgeräts cremig rühren. Das Ei, die Zitronenschale und 1–2 EL Zitronensaft dazugeben und unter die Butter-Zucker-Masse rühren. Die Mehlmischung dazugeben und zügig unterrühren.

3 Den Teig mit einem Löffel nach und nach auf das Backblech setzen und mit den Fingern zu Tannenzapfen, Christbaumkugeln, Eiskristallen oder Kerzen formen. Im Backofen in 10–12 Min. goldbraun backen. Die Kekse herausnehmen, mit dem Backpapier vom Blech ziehen und auf einem Kuchengitter abkühlen lassen.

4 Die Kekse nach und nach dünn mit dem übrigen Zitronensaft bepinseln. Sofort dick mit dem Brausepulver bestreuen und trocknen lassen.

Tipp für Lollis

Zum Renner bei Kindern werden beide Plätzchen in Lolliform. Dafür vor dem Backen jeweils einen kleinen Holzspatel (z. B. Holzeislöffel aus der Eistruhe im Bioladen, Holzgabeln für Pommes oder 2–3 nicht zu lange, dicke Holzstäbchen nebeneinandergelegt) so unter jedes Plätzchen auf dem Blech schieben, dass unten noch ein kleiner Stiel herausschaut.

im Bild vorne Schiefe Tannen ◆ *im Bild hinten* Saure-Brause-Kekse

Pekannuss-Orangen-Ecken

gut kombiniert

ZUBEREITUNG 35 Min.
KÜHLEN 1 Std.
BACKEN 30 Min.
PRO STÜCK 130 kcal

ZUTATEN für ca. 28 Stück
200 g Pekannusshälften
100 g Mehl
100 g kalte Butter
50 g Zucker | 1 Ei
100 g kandierte Orangenscheiben
100 g Marzipanrohmasse
3 EL Orangenmarmelade
Puderzucker zum Ausrollen und Bestäuben

1 Die Pekannüsse im Blitzhacker fein mahlen und mit dem Mehl mischen. Die Mischung mit der Butter in Flöckchen, dem Zucker und dem Ei auf eine Arbeitsfläche häufen. Alles mit einem großen Messer fein hacken und rasch zu einem Mürbeteig verkneten. Den Teig in Klarsichtfolie wickeln und 1 Std. in den Kühlschrank legen.

2 Den Backofen auf 180° (Umluft 160°) vorheizen. Das Backblech mit Backpapier auslegen. Die kandierten Orangenscheiben möglichst klein schneiden.

3 Den Teig auf dem Blech knapp 0,5 cm dick zu einem großen Rechteck (ca. 24 x 30 cm) ausrollen und das Teigrechteck quer halbieren. Die Marzipanrohmasse auf einer mit Puderzucker bestäubten Arbeitsfläche 1–2 mm dick zu einem kleinen Rechteck (ca. 15 x 24 cm) ausrollen und auf eine Teighälfte legen. Mit der Orangenmarmelade bestreichen und mit den Orangen bestreuen. Die zweite Teigplatte mit Hilfe des Backpapiers darüberklappen und leicht andrücken.

4 Im Backofen (Mitte) 25–30 Min. backen. Das Gebäck herausnehmen, noch heiß in ca. 3 x 4 cm große Ecken schneiden und auf dem Blech abkühlen lassen. Dann die Ecken fein mit Puderzucker bestäuben.

Minze-Schoko-Riegel

Pfefferminze in der Hauptrolle

ZUBEREITUNG 20 Min.
KÜHLEN 1 Std.
BACKEN 20 Min.
PRO STÜCK 60 kcal

ZUTATEN für ca. 50 Stück
200 g Mehl
1/4 TL Backpulver
150 g kalte Butter
50 g Zucker
1 Prise Salz
20 feine Schoko-Minze-Stäbchen (z. B. von After Eight)
Puderzucker zum Bestäuben

1 Das Mehl mit dem Backpulver mischen. Mit der Butter in Flöckchen, Zucker und Salz auf eine Arbeitsfläche häufen. Alles mit einem großen Messer fein hacken und rasch zu einem Mürbeteig verkneten.

2 Den Teig auf einem ausreichend großen Stück Backpapier zu einem Rechteck (ca. 22 x 25 cm) ausrollen. Die Schoko-Minze-Stäbchen im Abstand von ca. 1 cm in Längslinien auf den Teig legen und vorsichtig eindrücken. Die Teigplatte mit dem Backpapier auf ein Brett ziehen und 1 Std. in den Kühlschrank stellen.

3 Den Backofen auf 180° (Umluft 160°) vorheizen. Das Backpapier mit der Teigplatte auf das Backblech ziehen. Im Backofen (Mitte) in ca. 20 Min. goldbraun backen.

4 Das Gebäck herausnehmen, auf dem Blech etwas abkühlen lassen, dann mit einem großen Messer so in ca. 2 x 5 cm lange Stangen schneiden, dass das Schoko-Minze-Stäbchen jeweils in der Mitte ist. Die Stangen auf einem Kuchengitter abkühlen lassen, dann ganz fein mit Puderzucker bestäuben.

Bild oben rechts Pekannuss-Orangen-Ecken ◆ *Bild unten rechts* Minze-Schoko-Riegel

Marmorplätzchen

schmecken immer wieder gut

ZUBEREITUNG 25 Min.
KÜHLEN 1 Std.
BACKEN ca. 12 Min.
PRO STÜCK 60 kcal

ZUTATEN für ca. 40 Stück
150 g weiche Butter | 100 g Zucker
1 Päckchen Vanillezucker
1 Prise gemahlener Kardamom
1 Ei | 250 g Mehl | 2 EL Kakaopulver

1 Die Butter mit Zucker, Vanillezucker, Kardamom und Ei mit den Schneebesen des Handrührgeräts cremig rühren. Mit Mehl rasch zu einem glatten Teig verarbeiten. Den Teig halbieren, eine Hälfte mit dem Kakaopulver verkneten. Den hellen und dunklen Teig jeweils vierteln. Jedes Viertel zu einer ca. 10 cm langen Rolle formen.

2 Je eine helle und dunkle Rolle nebeneinanderlegen und so miteinander verdrehen, dass eine Rolle entsteht (es entstehen vier Rollen). Jede hell-dunkle Rolle halbieren, die Hälften aufeinanderlegen und so formen, dass wieder vier ca. 10 cm lange marmorierte Rollen entstehen. Diese zugedeckt 1 Std. in den Kühlschrank legen.

3 Den Backofen auf 180° (Umluft 160°) vorheizen. Das Backblech mit Backpapier auslegen. Die Teigrollen in 40 ca. 0,5 cm dicke Scheiben schneiden, diese auf das Blech legen. Im Backofen (Mitte) 10–12 Min. backen. Die Plätzchen herausnehmen, mit dem Backpapier vom Blech ziehen und abkühlen lassen.

Pistazienstangen

für die kleinen Glücksmomente

ZUBEREITUNG 30 Min.
BACKEN 20 Min.
PRO STÜCK 70 kcal

ZUTATEN für ca. 50 Stück
75 g Butter
3 Eier
200 g Mehl
75 g Zucker
2 EL Sahne
100 g Zitronengelee
50 g Orangeat
50 g Pistazienkerne
125 g Puderzucker
50 g gemahlene geschälte Mandeln
1/2 TL Zimtpulver
1 Prise frisch geriebene Muskatnuss

1 Die Butter in einem kleinen Topf schmelzen lassen. Die Eier trennen und die Eiweiße beiseitestellen. Das Backblech mit Backpapier auslegen. Das Mehl in eine Schüssel sieben. Den Zucker, die Eigelbe, Sahne und flüssige Butter dazugeben und alles rasch zu einem glatten Teig verkneten.

2 Den Teig auf einer bemehlten Arbeitsfläche ausrollen und auf das Backblech legen. Das Zitronengelee in einem kleinen Topf bei kleiner Hitze erwärmen und die Teigplatte damit bestreichen. Den Backofen auf 160° (Umluft 140°) vorheizen.

3 Das Orangeat und die Pistazienkerne fein hacken. Die Eiweiße steif schlagen und den Puderzucker unter Rühren einrieseln lassen. Mandeln, Zimtpulver und Muskatnuss unterheben. Die Eiweißmasse auf die vorbereitete Teigplatte streichen, mit dem Orangeat und den Pistazien bestreuen. Die Teigplatte mit einem Teigrädchen in 2 x 6 cm große Stangen schneiden.

4 Die Pistazienstangen im Backofen (Mitte) ca. 20 Min. backen. Die Oberfläche der Stangen sollte hell bleiben. Eventuell nach der Hälfte der Backzeit den Backofen auf 140° (Umluft 120°) schalten. Die Pistazienstangen auf dem Blech abkühlen lassen, dann mit einer Palette vorsichtig vom Blech lösen.

im Bild links hinten Pistazienstangen ◆ *im Bild rechts vorne* Marmorplätzchen

Fixe Stollenplätzchen

gelingen ganz leicht

ZUBEREITUNG 40 Min.
KÜHLEN 1 Std.
BACKEN 20 Min.
PRO STÜCK 140 kcal

ZUTATEN für ca. 25 Stück
75 g Butter
50 ml Milch
250 g Mehl
1 Prise Salz
1/2 Päckchen Trockenhefe
50 g Zucker
2 Eier | 1 Zitrone
50 g Rosinen
50 g Zitronat
150 g Marzipanrohmasse
50 g Puderzucker
50 g gehackte Mandeln
30 g Butter zum Bestreichen

1 Die Butter in einem kleinen Topf schmelzen lassen. Die Milch erwärmen. Das Mehl mit Salz, Trockenhefe und Zucker mischen. Die Eier trennen und die Eiweiße beiseitestellen. Die Milch mit Eigelben und Butter zur Mehlmischung geben und alles rasch zu einem glatten Teig verarbeiten. Den Teig in Klarsichtfolie wickeln und 30 Min. in den Kühlschrank legen.

2 Den Saft der Zitrone auspressen. Rosinen waschen und trocken tupfen. Rosinen und Zitronat fein hacken und mit Zitronensaft mischen. Die Marzipanrohmasse auf der Gemüsereibe grob reiben, mit 1 Eiweiß und dem Puderzucker verkneten. Die Mandeln mit der Rosinen-Zitronat-Mischung mischen und mit der Marzipanmasse verkneten.

3 Den Teig auf einer bemehlten Arbeitsfläche zu einem großen Rechteck (ca. 26 x 32 cm) ausrollen und mit dem restlichen Eiweiß bestreichen. Die Marzipanmasse daraufgeben und verteilen. Das Teigrechteck von der Längsseite her zu einer Rolle formen. Die Teigrolle in Klarsichtfolie wickeln und 30 Min. in den Kühlschrank legen.

4 Den Backofen auf 180° (Umluft 160°) vorheizen. Das Backblech mit Backpapier auslegen. Die Teigrolle in 25 ca. 2 cm dicke Scheiben schneiden und auf das Blech legen. Im Backofen (Mitte) ca. 15 Min. backen.

5 Inzwischen die Butter in einem kleinen Topf schmelzen lassen. Die Plätzchen herausnehmen, mit Butter bestreichen und in weiteren 5 Min. fertig backen. Die Stollenplätzchen herausnehmen, mit dem Backpapier vom Blech ziehen und abkühlen lassen.

Austausch-Tipp

Statt Zitronat und Rosinen können Sie einfach 100 g Früchte-Mix nehmen, ein Fertigprodukt aus dem Backregal.

Krokantplätzchen

knusprig und ganz zart

ZUBEREITUNG 30 Min.
KÜHLEN 1 Std.
BACKEN 15 Min.
PRO STÜCK 65 kcal

ZUTATEN für ca. 40 Stück
125 g Butter
30 g Orangeat
75 g Rohrzucker
1 Ei | 1 Eigelb | 200 g Mehl
100 g Nuss-Krokant (Fertigprodukt)
runde Ausstechform (ca. 4 cm Ø)

1 Die Butter in einem Topf schmelzen und abkühlen lassen. Das Orangeat sehr fein hacken. Die abgekühlte Butter mit dem Rohrzucker, Ei und Eigelb mit den Schneebesen des Handrührgeräts cremig rühren. Mehl, Orangeat und Nuss-Krokant dazugeben und alles rasch zu einem glatten Teig verarbeiten. Den Teig in Klarsichtfolie wickeln und 1 Std. in den Kühlschrank legen.

2 Den Backofen auf 175° (Umluft 160°) vorheizen. Das Backblech mit Backpapier auslegen. Den Teig auf einer bemehlten Arbeitsfläche ca. 1 cm dick ausrollen, dann 40 Kreise ausstechen und mit einem etwas dickeren Holzstäbchen ein kleines Loch in die Mitte der Kreise stechen. Die Teigkreise mit etwas Abstand auf das Blech legen.

3 Im Backofen (Mitte) 12–15 Min. backen. Die Krokantplätzchen herausnehmen, mit dem Backpapier vom Blech ziehen und auf einem Kuchengitter abkühlen lassen.

Variante Ingwerplätzchen

Für 40 Stück: 50 g kandierten Ingwer klein würfeln und im Mixer oder mit einem scharfen Messer fein hacken. 125 g weiche Butter mit 75 g Rohrzucker, 1/4 TL Ingwerpulver und 1 Ei schaumig rühren. 200 g Mehl und kandierten Ingwer dazugeben und unterkneten. Den Teig auf einer bemehlten Arbeitsfläche ca. 1 cm dick ausrollen. 40 Kreise (ca. 3 cm Ø) ausstechen und mit einem Holzstäbchen ein kleines Loch in die Mitte stechen. Die Plätzchen auf ein mit Backpapier ausgelegtes Blech legen. Im vorgeheizten Backofen bei 180° (Mitte, Umluft 160°) 12–15 Min. backen.

Schokotraum

zergehen auf der Zunge

ZUBEREITUNG 30 Min.
KÜHLEN 1 Std.
BACKEN 18 Min.
PRO STÜCK 90 kcal

ZUTATEN für ca. 40 Stück
50 g gekühlte Edelbitterschokolade (oder Bitterschokolade, 70 % Kakaoanteil)
250 g Mehl | 100 g gemahlene Mandeln
100 g Puderzucker | 2 EL Kakaopulver
1/4 TL frisch geriebene Muskatnuss
175 g kalte Butter | 2 EL Sahne
3 EL Zucker | 1 Päckchen Vanillezucker

1 Die Schokolade fein reiben. Das Mehl mit Mandeln, Puderzucker, 1 EL Kakaopulver, Muskatnuss und Schokolade mischen und auf eine Arbeitsfläche häufen. Die kalte Butter in Flöckchen und die Sahne dazugeben. Alles mit einem großen Messer fein hacken und rasch zu einem glatten Teig verkneten. Den Teig halbieren und die Hälften zu ca. 20 cm lange Rollen formen. In Klarsichtfolie wickeln und 1 Std. in den Kühlschrank legen.

2 Den Backofen auf 175° (Umluft 160°) vorheizen. Das Backblech mit Backpapier auslegen. Jede Rolle in 20 Scheiben schneiden. Die Teigscheiben zu walnussgroßen Bällchen formen und auf das Blech legen. Im Backofen (Mitte) 15–18 Min. backen.

3 Inzwischen den Zucker mit dem Vanillezucker und 1 EL Kakaopulver in einer Schüssel mischen. Die Bällchen herausnehmen und mit dem Backpapier vom Blech ziehen. Die noch warmen Schokobällchen in der Zuckermischung wälzen und auf einem Kuchengitter abkühlen lassen.

Austausch-Tipp

Den Teig nicht in Scheiben schneiden, sondern zu walnussgroßen Kugeln formen. In die Mitte jeweils 1 Schokobohne (Fertigprodukt) drücken, die Teigkugeln zwischen den Händen nochmals rund formen und backen.

im Bild links Krokantplätzchen ◆ *im Bild rechts* Schokotraum

Mandelsticks

schnell gemachter Knusperspaß

ZUBEREITUNG 20 Min.
BACKEN 10 Min.
PRO STÜCK 85 kcal

ZUTATEN für ca. 30 Stück
100 g ganze Mandeln
150 g Mehl
50 g gemahlene Mandeln
100 g kalte Butter
80 g Zucker
1 Eigelb
1 Prise Salz

1 Den Backofen auf 200° (Umluft 180°) vorheizen. Das Backblech mit Backpapier auslegen. Die ganzen Mandeln grob hacken.

2 Das Mehl und die gemahlenen Mandeln mischen. Mit der Butter in Flöckchen, Zucker, Eigelb und Salz auf eine Arbeitsfläche häufen. Alles mit einem großen Messer fein hacken und rasch zu einem Mürbeteig verkneten. Dabei bei Bedarf noch 1 EL kaltes Wasser dazugeben und unterkneten.

3 Den Teig auf dem Blech zu einem ca. 0,5 cm dicken Rechteck (ca. 24 x 28 cm) ausrollen. Mit den gehackten Mandeln bestreuen und in den Teig drücken, dabei am besten mit dem Nudelholz darüberrollen. Im Backofen (Mitte) ca. 10 Min. backen.

4 Die Gebäckplatte herausnehmen und auf dem Blech etwas abkühlen lassen, dann mit einem großen Messer in ca. 2 x 10 cm lange Stangen schneiden. Die Stangen abkühlen lassen.

Tipps

Wer es besonders eilig hat, nimmt statt der ganzen Mandeln einfach bereits fertig gehackte Mandeln oder Haselnusskrokant. Noch knackiger werden die Sticks mit Karamellfäden darüber. Dafür 50 g feinen Zucker in einem Topf bei mittlerer Hitze schmelzen und goldbraun werden lassen. Den Karamell mit einem Tee- oder Esslöffel in dünnen Linien über die Stangen ziehen.

Kokosbusserl

Naschen kann so schön sein

ZUBEREITUNG 15 Min.
BACKEN 8 Min.
PRO STÜCK 60 kcal

ZUTATEN für ca. 60 Stück
150 g Mehl | 1 TL Backpulver
150 g Kokosraspel
200 g weiche Butter
100 g Zucker
2 Päckchen Vanillezucker | 1 Ei

1 Den Backofen auf 200° (Umluft 180°) vorheizen. Das Backblech mit Backpapier auslegen. Das Mehl mit dem Backpulver und 100 g Kokosraspeln mischen.

2 Die Butter, den Zucker und den Vanillezucker mit den Schneebesen des Handrührgeräts kräftig verrühren. Das Ei dazugeben und cremig rühren. Dann die Mehl-Kokos-Mischung auf einmal dazugeben und rasch unter die cremige Masse arbeiten.

3 Eine Arbeitsfläche mit den restlichen Koksraspeln bestreuen. Den Teig darauf zu zwei Rollen (à ca. 3 cm Ø) formen. Jede Rolle in ca. 1 cm dicke Scheiben schneiden und diese auf das Blech legen. Nach Belieben die Teigscheiben noch gleichmäßig rund formen. Im Backofen (Mitte) ca. 8 Min. backen. Herausnehmen und auf einem Kuchengitter abkühlen lassen.

Deko-Tipps

Mit einem Hauch Schokolade schmecken die Busserl gleich noch mal so gut: 100 g Zartbitter- oder Vollmilchkuvertüre fein hacken und über dem heißen Wasserbad schmelzen lassen. Dann entweder den Boden der Plätzchen zuerst in die geschmolzene Kuvertüre tauchen und anschließend in Kokosraspel setzen (100–150 g). Oder die Kuvertüre spiralförmig in dünnen Linien über die Plätzchen ziehen, mit ein paar Kokosraspeln bestreuen und trocknen lassen.

Stollen, Kuchen, Torten

Schmuckstücke für die Kaffeetafel

Wenn es weihnachtet, haben sie ihren großen Auftritt: Traditionsreicher Stollen aus Omas Küche, saftiges Birnenbrot, satter Nusskuchen, ein herrlich zarter Chocolate Cake und vieles mehr stehen in dieser Zeit **verführerisch** im Rampenlicht. Biss für Biss schenken sie jedem ein Stückchen vom **süßen Glück** und lassen die Gesichter strahlen. Kein Wunder, denn alles ist einfach **himmlisch köstlich!**

Stollen Dresdner Art

nach Omas Familienrezept

ZUBEREITUNG 1 Std.
ZIEHEN 4 Tage
GEHEN 1 Std. 15 Min.
BACKEN 50 Min.
RUHEN 4 Wochen
PRO SCHEIBE 235 kcal

ZUTATEN für 2 Stollen (à ca. 22 Scheiben)
200 g geschälte Mandeln | 350 g Rosinen
100 g Zitronat | 100 g Orangeat
2 EL Bittermandelaroma
80 ml Rum (oder Orangen- oder Apfelsaft)
3 Päckchen Vanillezucker
je 1/2 TL gemahlene Nelke, gemahlener Kardamom, gemahlene Muskatblüte (Macis; oder frisch geriebene Muskatnuss)
1 Bio-Zitrone | 500 g Mehl
1 Würfel frische Hefe (42 g)
100 g Zucker | 1/8 l Milch
350 g weiche Butter
125 g weiches Gänseschmalz
2 kräftige Prisen Salz | 250 g Puderzucker

1 Die Mandeln sehr fein hacken. Mit Rosinen, Zitronat, Orangeat, Bittermandelaroma, Rum, Vanillezucker und den Gewürzen in eine Schüssel geben. Die Zitrone heiß waschen und abtrocknen. Die Schale fein abreiben und den Saft auspressen, beides zur Mandelmischung geben. Alles mischen und zugedeckt 3–4 Tage im Kühlschrank ziehen lassen.

2 Die Frucht-Mandel-Mischung Zimmertemperatur annehmen lassen. Das Mehl in eine große Schüssel geben, in die Mitte eine Mulde drücken. Die Hefe zerbröckeln, mit 1 TL Zucker verrühren und flüssig werden lassen, dann mit der Milch verrühren. Die Hefemilch in die Mulde gießen, mit etwas Mehl bestäuben und zugedeckt an einem warmen Ort ca. 15 Min. gehen lassen.

3 Den restlichen Zucker, 150 g Butter, Gänseschmalz und Salz zum Mehl geben, alles mit den Knethaken der Küchenmaschine verkneten. Die Frucht-Mandel-Mischung dazugeben und unterarbeiten. Das Backblech mit Backpapier auslegen.

4 Den Teig halbieren und jede Hälfte zu einem Rechteck (ca. 18 x 20 cm) formen, bei dem eine Längsseite wesentlich dicker ist als die andere. Jeweils die dicke Längsseite bis zu zwei Dritteln zur anderen Seite klappen und leicht andrücken. Die Stollen auf das Blech legen (siehe Tipps) und zugedeckt ca. 1 Std. gehen lassen.

5 Den Backofen auf 200° vorheizen. Die Stollen im Ofen (Mitte, Umluft 180°) 45–50 Min. backen, dabei bei Bedarf mit Backpapier abdecken. Gegen Ende der Backzeit die restliche Butter schmelzen lassen.

6 Die Stollen herausnehmen, noch heiß mit etwas Butter einpinseln und mit wenig Puderzucker bestäuben, kurz einziehen lassen. Dann wieder vorsichtig gleichmäßig mit Butter betupfen und mit Puderzucker bestäuben. So fortfahren, bis die ganze Butter verbraucht ist, aber noch 3–4 EL Puderzucker übrig sind.

7 Die abgekühlten Stollen sofort in Alufolie wickeln und an einem kühlen Ort 3–4 Wochen (mindestens 1 Woche) ruhen lassen. Vor dem Aufschneiden mit dem restlichen Puderzucker bestäuben.

Stollen-Tipps

Damit die Stollen beim Gehen und Backen ihre Form behalten, Alufolie in breite Streifen falten und so um das Gebäck legen, dass es Halt hat. Sobald die Stollen »stabil« gebacken sind, die Alustreifen entfernen, damit sie rundherum braun werden.
Gut eingewickelt halten sich die Stollen an einem kühlen Ort 3–4 Monate.
Je länger sie lagern und durchziehen, desto intensiver wird ihr Aroma. Früher wurden traditionell die ersten Dresdner Stollen an Weihnachten und die letzten an Ostern gegessen.

Mohn-Orangen-Stollen

macht Lust auf mehr

ZUBEREITUNG 1 Std.
GEHEN 45 Min.
BACKEN 1 Std.
RUHEN 3 Tage
PRO SCHEIBE 245 kcal

ZUTATEN für 1 großen Stollen (ca. 30 Scheiben)
500 g Mehl
1 Würfel frische Hefe (42 g)
200 g Zucker
100 ml Milch
150 g Rosinen
50 ml Rum (oder Orangensaft)
1 Bio-Orange
250 g Magerquark
300 g weiche Butter
1 Prise Salz
150 g gemahlener Mohn (Fertigprodukt)
250 g Puderzucker

1 Das Mehl in eine große Schüssel geben und in die Mitte eine Mulde drücken. Die Hefe zerbröckeln, mit 1 TL Zucker verrühren und flüssig werden lassen, dann mit der Milch verrühren. Die Hefemilch in die Mulde gießen, mit etwas Mehl bestäuben und zugedeckt an einem warmen Ort ca. 15 Min. gehen lassen.

2 Inzwischen Rosinen und Rum in einem kleinen Topf erhitzen und ziehen lassen. Die Orange heiß waschen und abtrocknen, die Schale fein abreiben und 50 ml Saft auspressen. Das Backblech mit Backpapier auslegen.

3 Den restlichen Zucker, Quark, 200 g Butter und Salz zum Mehl geben und alles mit den Knethaken der Küchenmaschine verkneten. Dann die eingeweichten Rosinen dazugeben und unterkneten.

4 Den Teig halbieren. Eine Teighälfte mit der Orangenschale, die andere mit Mohn verkneten. Jede Teighälfte zu einem Rechteck (ca. 24 x 28 cm) formen. Teigplatten auf das Blech legen, dabei eine Längsseite des Mohnteigs mit einer Längsseite des Orangenteigs ca. 5 cm überlappen lassen. Die beiden äußeren Längsseiten nacheinander zur Mitte hin einschlagen (der Orangenteig sollte oben liegen). Den Stollen mit Alufolie stützen (siehe Tipp Seite 59) und zugedeckt ca. 30 Min. gehen lassen.

5 Den Backofen auf 200° vorheizen. Den Stollen im Backofen (Mitte, Umluft 180°) 50–60 Min. backen, dabei bei Bedarf mit Backpapier abdecken, damit er nicht zu braun wird. Gegen Ende der Backzeit die übrige Butter schmelzen lassen und mit Orangensaft verrühren.

6 Den Stollen herausnehmen, noch heiß mit etwas Orangenbutter einpinseln und mit wenig Puderzucker bestäuben, kurz einziehen lassen. Dann wieder vorsichtig gleichmäßig mit Butter betupfen und mit Puderzucker bestäuben. So fortfahren, bis die ganze Butter verbraucht ist, aber noch 3–4 EL Puderzucker übrig sind.

7 Den Stollen ganz abkühlen lassen, dann in Alufolie wickeln und an einem kühlen Ort 2–3 Tage ruhen lassen. Vor dem Aufschneiden mit dem restlichen Puderzucker bestäuben.

Aroma-Tipps

Das Orangenaroma wird um einiges intensiver, wenn Sie mit der Orangenschale noch 1–2 TL Orange-Back (aus dem Päckchen) unter den Teig arbeiten. Auch sehr fein: Die Orange durch 2 kleine Bio-Zitronen oder -Limetten ersetzen, um so dem Stollen einen leicht sauren Touch zu geben.

Gefüllter Mandelstollen

Deutschland grüßt Italien

ZUBEREITUNG 50 Min.
GEHEN 1 Std.
BACKEN 40 Min.
RUHEN 3 Tage
PRO SCHEIBE 140 kcal

ZUTATEN für 2 Stollen (à ca. 27 Scheiben)
500 g Mehl
200 g gemahlene geschälte Mandeln
1 Würfel frische Hefe (42 g)
100 g Zucker
200 ml Milch | 1 Bio-Zitrone
200 g Amarettini (italienisches Mandelgebäck)
200 g Marzipanrohmasse
250 g weiche Butter
1 EL Bittermandelaroma
1 Prise Salz
80 ml Mandellikör (z. B. Amaretto;
oder Orangen- oder Birnensaft)
100 g Puderzucker

1 Mehl und Mandeln in einer großen Schüssel mischen, in die Mitte eine Mulde drücken. Die Hefe zerbröckeln, mit 1 TL Zucker verrühren und flüssig werden lassen, dann mit der Milch verrühren. Die Hefemilch in die Mulde gießen, mit etwas Mehl bestäuben und zugedeckt an einem warmen Ort ca. 15 Min. gehen lassen.

2 Inzwischen die Zitrone heiß waschen und abtrocknen, die Schale fein abreiben und den Saft auspressen. Die Amarettini grob zerbröseln. Die Marzipanrohmasse zu vier ca. 25 cm lange Rollen formen. Das Backblech mit Backpapier auslegen.

3 Den restlichen Zucker, 200 g Butter, Zitronenschale und -saft, Bittermandelaroma und das Salz zur Mehlmischung geben und mit den Knethaken der Küchenmaschine verkneten. Zugedeckt ca. 1 Std. gehen lassen.

4 Den Backofen auf 200° vorheizen. Den Teig nochmals durchkneten und halbieren. Jede Teighälfte zu einem Rechteck (ca. 20 x 25 cm) ausrollen und auf das Blech legen. Mit den Amarettini-Bröseln bestreuen und mit dem Mandellikör beträufeln. Auf jede Längsseite mit etwas Abstand zum Rand jeweils eine Marzipanrolle legen. Die Längsseiten samt Marzipan zur Mitte hin einschlagen und eine Seite etwas flacher drücken.

5 Die Stollen mit Alufolie stützen (siehe Tipp Seite 59). Die Stollen im Ofen (Mitte, Umluft 180°) 30–40 Min. backen, dabei bei Bedarf mit Backpapier abdecken, damit sie nicht zu braun werden. Gegen Ende der Backzeit die übrige Butter schmelzen lassen.

6 Die Stollen aus dem Backofen nehmen, noch heiß mit etwas Butter einpinseln und mit wenig Puderzucker bestäuben, kurz einziehen lassen. Dann wieder vorsichtig gleichmäßig mit Butter betupfen und mit Puderzucker bestäuben. So fortfahren, bis die ganze Butter verbraucht ist, aber noch 3–4 EL Puderzucker übrig sind. Die Stollen abkühlen lassen, dann in Alufolie wickeln und an einem kühlen Ort 2–3 Tage ruhen lassen. Vor dem Aufschneiden mit dem restlichen Puderzucker bestäuben.

Bündner Nusskuchen

Feines aus der Schweiz

ZUBEREITUNG 45 Min.
KÜHLEN 30 Min.
BACKEN 45 Min.
PRO STÜCK 660 kcal

ZUTATEN für 1 Springform (26 cm Ø; ca. 12 Stücke)

Für den Teig:
200 g weiche Butter
Salz
175 g Zucker
2 Eier
400 g Mehl

Für die Füllung:
150 g Haselnusskerne
200 g Walnusskerne
200 g Zucker
200 g Sahne
4 EL Honig
1/2 TL Zimtpulver
1 EL Kirschwasser (nach Belieben)

Außerdem:
Butter für die Form
Stern-Ausstechform
2 EL Milch
Puderzucker zum Bestäuben

1 Die Butter, das Salz, den Zucker und die Eier in eine Schüssel geben und mit den Schneebesen des Handrührgeräts cremig rühren. Das Mehl dazugeben und rasch zu einem glatten Teig verarbeiten. Den Teig in Klarsichtfolie wickeln und 30 Min. in den Kühlschrank legen.

2 Für die Füllung die Haselnuss- und Walnusskerne grob hacken und in einer Pfanne ohne Fett unter Rühren kurz rösten. Den Zucker in einem Topf schmelzen lassen. Dann Sahne, Honig und Zimtpulver dazugeben, die Mischung unter Rühren bei kleiner Hitze 8–10 Min. köcheln lassen, bis sich die Masse leicht löst. Die Nüsse und nach Belieben das Kirschwasser dazugeben und unterrühren. Die Nussmasse abkühlen lassen.

3 Den Backofen auf 180° vorheizen. Die Form mit Butter einfetten. Den Teig halbieren. Die Hälfte des Teigs auf einer bemehlten Arbeitsfläche ausrollen und in die Form geben, dabei einen ca. 2 cm hohen Rand formen. Die Nussmasse auf den Teig geben und verteilen.

4 Den restlichen Teig halbieren. Eine Teighälfte zu einem dünnen Boden in Größe der Form ausrollen und auf die Nussschicht legen, dabei den Rand etwas andrücken. Aus dem restlichen Teig kleine Sterne ausstechen. Die Teigoberfläche des Kuchens mit Milch bestreichen, die Sterne darauf verteilen und leicht andrücken.

5 Den Nusskuchen im Backofen (Mitte, Umluft 160°) in ca. 45 Min. goldbraun backen. Den Kuchen herausnehmen, abkühlen lassen und aus der Form lösen. Mit Puderzucker bestäuben.

Gut zu wissen

Der Bündner Nusskuchen ist besonders haltbar und schmeckt etwas durchgezogen am besten. Den Kuchen nach dem Auskühlen in Alufolie wickeln oder in eine gut schließende Dose geben und an einem kühlen Ort (nicht im Kühlschrank) aufbewahren. So hält sich der Kuchen 2–3 Wochen. Wer möchte, kann den Kuchen auch nur mit Walnusskernen zubereiten. Übrige Walnusskerne bleiben frisch, wenn Sie die Kerne nach dem Knacken portionsweise einfrieren.

Linzer Torte

beliebter Klassiker

ZUBEREITUNG 40 Min.
BACKEN 40 Min.
PRO STÜCK 405 kcal

ZUTATEN für 1 Springform (26 cm Ø; ca. 12 Stücke)
200 g gemahlene Mandeln
200 g Mehl | 1 Prise Salz
150 g Zucker
2 TL Kakaopulver
1/2 TL Zimtpulver
2 Prisen gemahlene Nelken
200 g Butter
1 EL neutrales Öl
4 Eigelb
1 EL Kirschwasser (nach Belieben)
300 g Himbeerkonfitüre
2 EL Aprikosenkonfitüre

1 Die Mandeln in einer Pfanne ohne Fett unter Rühren kurz rösten, dann abkühlen lassen. Mehl, Salz, Mandeln, Zucker, Kakaopulver, Zimtpulver und gemahlene Nelken auf eine Arbeitsfläche häufen und mischen. Die Butter in Flöckchen, das Öl, die Eigelbe und nach Belieben das Kirschwasser darauf verteilen. Alles mit einem großen Messer fein hacken und rasch zu einem glatten Mürbeteig verkneten.

2 Den Backofen auf 180° vorheizen. Die Form mit Butter einfetten. Zwei Drittel von dem Teig auf einer bemehlten Arbeitsfläche ca. 2 cm dick ausrollen und in die Form geben. Die Himbeerkonfitüre glatt rühren und auf dem Teigboden verteilen.

3 Den restlichen Teig ausrollen. Für den Rand einen ca. 2 cm breiten Streifen schneiden. Den Rest mit einem Teigrädchen oder scharfen Messer in ca. 1 cm breite Streifen schneiden. Die Streifen gitterartig auf die Konfitüre legen. Den breiten Streifen wie einen Ring an den Rand der Form legen und leicht andrücken. Den Kuchen im Backofen (Mitte, Umluft 160°) ca. 40 Min. backen.

4 Etwa 10 Min. vor dem Ende der Backzeit, die Aprikosenkonfitüre in einem kleinen Topf leicht erwärmen, durch ein Sieb streichen. Den Kuchen herausnehmen. Das Teiggitter und den Rand mit der Konfitüre bestreichen und fertig backen. Den Kuchen herausnehmen und abkühlen lassen, dann aus der Form lösen.

Austausch-Tipps

1 Eigelb mit 1 EL Milch verrühren. Das Teiggitter und den Rand vor dem Backen damit bestreichen.
Statt Himbeerkonfitüre können Sie Johannisbeergelee, Quittengelee oder Preiselbeerkonfitüre verwenden und nach Belieben noch mit 1 EL Kirschwasser aromatisieren.

Tipp zum Aufbewahren

Die Linzer Torte können Sie bereits 1–2 Wochen vor dem Gebrauch backen. Dann in Klarsicht- oder Alufolie wickeln und kühl und trocken aufbewahren.

Birnenbrot

ein echtes Schweizer Geschenk

ZUBEREITUNG 1 Std. 30 Min.
EINWEICHEN 24 Std.
GEHEN 1 Std. 30 Min.
ZIEHEN 14 Tage
BACKEN 1 Std.
PRO BROT 2220 kcal

ZUTATEN für 4 Brote
600 g Dörrbirnen (Kletzen) | 400 g getrocknete Feigen
100 g Mandeln | 100 g Haselnusskerne
200 g Walnusskerne | 500 g Sultaninen
je 100 g gewürfeltes Orangeat und Zitronat
100 g Pinienkerne | 2 EL flüssiges Zitronenaroma
150 ml Obstler (oder Birnen- oder Apfelsaft)
3 EL Zimtpulver
1 Päckchen Birnenbrotgewürz
(aus dem Reformhaus; oder Lebkuchengewürz)
500 g Mehl | 1/4 TL Salz | 1 Würfel frische Hefe (42 g)
1 TL Zucker | 300 ml Milch

1 Die Birnen in einem Topf mit Wasser bedecken und 12 Std. (oder über Nacht) einweichen. Dann aufkochen und 15 Min. kochen lassen. Die Feigen klein würfeln. Mandeln, Haselnuss- und Walnusskerne grob hacken.

2 Die Birnen in einem Sieb abtropfen lassen, vierteln, entkernen und klein würfeln. Mit Feigen, Mandeln, Nüssen, Sultaninen, Orangeat, Zitronat, Pinienkernen, Zitronenaroma, Obstler und Gewürzen mischen und zugedeckt 12 Std. (am besten über Nacht) einweichen.

3 Am nächsten Tag das Mehl in einer großen Schüssel mit dem Salz mischen. Die Hefe zerbröckeln, mit dem Zucker verrühren und flüssig werden lassen, dann mit der Milch verrühren. Hefemilch zum Mehl geben und alles mit den Knethaken der Küchenmaschine verkneten. Teig zugedeckt an einem warmen Ort ca. 1 Std. gehen lassen.

4 Das Backblech mit Backpapier auslegen. Die Fruchtmischung unter den Hefeteig kneten, den Teig zu vier länglichen Broten formen. Die Brote aufs Blech legen und zugedeckt ca. 30 Min. gehen lassen. Den Backofen auf 180° (Umluft 160°) vorheizen.

5 Brote im Ofen (Mitte) ca. 1 Std. backen, bei Bedarf mit Backpapier abdecken. Herausnehmen, abkühlen lassen. Dann in Folie wickeln und 14 Tage ziehen lassen.

Kokos-Nuss-Panforte

Knack für Knack ein Hochgenuss

ZUBEREITUNG 45 Min.
BACKEN 30 Min.
PRO STÜCK 190 kcal

ZUTATEN für 1 Springform (24 cm Ø; ca. 24 Stücke)
100 g Mandeln
100 g Haselnusskerne
100 g Paranusskerne
60 g Pistazienkerne
150 g getrocknete Feigen
100 g kandierte Kirschen
1/2 TL Zimtpulver
1/4 TL gemahlener Koriander
1/4 TL Ingwerpulver
2 Prisen gemahlenes Piment
2 Prisen frisch geriebene Muskatnuss
1 leicht gehäufter EL Mehl
100 g Kokosraspel
150 g feiner Zucker
120 g Honig

1 Mandeln, Haselnuss- und Paranusskerne grob hacken und in einer Pfanne ohne Fett unter Rühren kurz rösten. Mit Pistazienkernen in einer Schüssel mischen. Die Feigen klein würfeln, die Kirschen grob schneiden und mit den Gewürzen zu den Nüssen geben. Mit Mehl bestäuben und alles mischen.

2 Den Backofen auf 150° (Umluft 130°) vorheizen. Die Form mit Butter einfetten und mit der Hälfte der Kokosraspel ausstreuen.

3 Zucker und Honig in einem Topf unter Rühren bei kleiner Hitze schmelzen lassen. Die Nussmischung dazugeben und unterrühren. Die Honig-Nuss-Masse vorsichtig in die Form füllen, damit die Kokosraspel weiterhin den Boden bedecken. Die Nussmasse mit einem Esslöffel rasch glatt streichen und andrücken. Da die Masse schnell fest wird, den Löffel immer wieder in Wasser eintauchen.

4 Den Panforte im heißen Backofen (Mitte) 25–30 Min. backen. Herausnehmen und mit den übrigen Kokosraspeln bestreuen. In der Form abkühlen lassen, dann in schmale Tortenstücke schneiden.

Gewürzgugelhupf

saftiger geht's kaum

ZUBEREITUNG 25 Min.
ZIEHEN 12 Std.
BACKEN 40 Min.
PRO STÜCK 225 kcal

ZUTATEN für 1 Gugelhupfform (22 cm Ø, 1,5 l Inhalt; ca. 16 Stücke)

Für die Rosinen:
100 g Rosinen
100 ml weißer oder roter Portwein (oder Orangen- oder Birnensaft)
2 Sternanis | 6 grüne Kardamomkapseln
1 Stange Zimt

Für den Teig:
100 g Butter
1 kleiner säuerlicher Apfel (z. B. Cox Orange)
150 g Mehl | 100 g gemahlene Mandeln
2 TL Backpulver | 1 TL Zimtpulver
je 1/2 TL gemahlener Koriander und Kardamom
je 1/4 TL frisch geriebene Muskatnuss und gemahlener Anis
4 Eier | 150 g Zucker
2 Päckchen Vanillezucker

Außerdem:
Butter für die Form
Puderzucker zum Bestäuben
gemahlene Mandeln für die Form

1 Die Rosinen mit dem Portwein und den ganzen Gewürzen in einem kleinen Topf aufkochen und zugedeckt 12 Std. (oder über Nacht) ziehen lassen. Die Gewürze entfernen. Den Backofen auf 180° vorheizen. Die Form mit Butter einfetten und mit Mandeln ausstreuen.

2 Die Butter in einem kleinen Topf schmelzen und etwas abkühlen lassen. Den Apfel schälen, vierteln, entkernen, reiben und unter die Butter rühren. Mehl, Mandeln, Backpulver und die gemahlenen Gewürze mischen.

3 Die Eier, den Zucker und den Vanillezucker mit den Schneebesen des Handrührgeräts (noch besser ist die Küchenmaschine) in ca. 5 Min. hellschaumig schlagen. Die Mehl-Mandel-Mischung rasch unterrühren, dann die Apfel-Butter-Mischung unterheben.

4 Den Teig in die Gugelhupfform füllen und glatt streichen. Im Backofen (unten, Umluft 160°) in 35–40 Min. goldbraun backen. Den Gugelhupf herausnehmen und kurz in der Form abkühlen lassen. Dann aus der Form lösen und auf einem Kuchengitter vollständig abkühlen lassen. Mit Puderzucker bestäuben.

Variante mit Portweinguss

Für mehr Portweinaroma den Gugelhupf statt mit Puderzucker mit einem Guss überziehen: 100 g Puderzucker mit 4–5 EL weißem Portwein glatt rühren und den Kuchen damit bestreichen. Den Guss trocknen lassen.

Kleine Panettoni

schmecken lauwarm fast am allerbesten

ZUBEREITUNG 45 Min.
GEHEN 1 Std. 30 Min.
BACKEN 45 Min.
PRO STÜCK 850 kcal

ZUTATEN für 6 Stück
500 g Mehl | 1 Würfel frische Hefe (42 g)
100 g Zucker | 1/4 l Milch | 200 g Butter
200 g kandierte Früchte (z. B. Kirschen, Mango, Papaya, Ananas, Melone)
7 Eigelb
fein abgeriebene Schale von je 1 Bio-Orange und Bio-Zitrone
1 Tütchen flüssiges Vanillearoma
1/4 TL Salz | 100 g Rosinen
Außerdem:
6 kleine Ton-Blumentöpfe (6 cm Ø unten, 10 cm Ø oben, 10 cm Höhe)

1 Das Mehl in eine Schüssel geben, in die Mitte eine Mulde drücken. Die Hefe zerbröckeln, mit 1 TL Zucker und der Milch verrühren und in die Mulde gießen. Zugedeckt an einem warmen Ort ca. 15 Min. gehen lassen. Butter schmelzen und leicht abkühlen lassen. Kandierte Früchte klein würfeln. Blumentöpfe waschen und trocknen. Backpapier in lange Streifen schneiden, die Töpfe damit auslegen, überstehendes Papier abschneiden.

2 Restlichen Zucker, Butter, 6 Eigelb, Zitrusschale, Vanillearoma und Salz zum Mehl geben und alles mit den Knethaken des Handrührgeräts zu einem weichen Hefeteig verkneten. Den Teig vom Schüsselrand lösen, mit Mehl bestäuben und ca. 30 Min. gehen lassen. Dann verkneten, bestäuben und ca. 30 Min. gehen lassen.

3 Den Teig erneut kneten, die Fruchtwürfel und die Rosinen unterkneten. Den Teig in sechs Portionen teilen, jeweils in die Blumentöpfe setzen. Weitere 30 Min. gehen lassen. Den Backofen auf 200° (Umluft 180°) vorheizen.

4 Übriges Eigelb mit 1 TL Wasser verrühren, die Panettoni damit bestreichen. Im Backofen (unten) 8–10 Min. backen. Dann die Panettoni bei 180° (Umluft 160°) in ca. 35 Min. fertig backen, dabei bei Bedarf mit Backpapier abdecken. Herausnehmen und ca. 10 Min. ruhen lassen, dann aus den Töpfen lösen. Das Backpapier abziehen und die Kuchen abkühlen lassen.

Deko-Tipp

Wer die Panettoni verschenken möchte, der packt sie einfach ein: Seidenpapier (ebenfalls sehr schön: dünne Tortenspitze) in lange Streifen oder in Rechtecke schneiden, luftig um die Panettone wickeln und diese in die gesäuberten Blumentöpfe (oder in neue Töpfe mit Dekor) setzen. Jeweils in Cellophanpapier hüllen und mit Schleifen, Kordeln, Baststreifen oder Ähnlichem möglichst luftdicht verschnüren.

Birnen-Schoko-Kuchen

Birnen und Schoko – ein starkes Duo

ZUBEREITUNG 45 Min.
KOCHEN 15 Min.
BACKEN 30 Min.
PRO STÜCK 610 kcal

ZUTATEN für 1 quadratische Kuchenform (24 x 24 cm; ca. 9 große Stücke)

Für die Birnen:
11 kleine Birnen mit Stiel (à ca. 125 g)
50 g Rohrzucker
1 EL frisch gepresster Zitronensaft
1/2 Stange Zimt

Für den Teig:
200 g Blockschokolade
200 g Butter
150 g Zucker
1 Päckchen Schokoladenpuddingpulver (zum Kochen)
5 Eier
1 kräftige Prise gemahlenes Piment
200 g Mehl
1 TL Backpulver
2 EL Apfelgelee

Außerdem:
Puderzucker zum Bestreuen

1 Die Birnen schälen, dabei den Stiel nicht entfernen. Mit einem Kugelausstecher von unten her das Kerngehäuse der Birnen entfernen.

2 1 l Wasser mit Rohrzucker, Zitronensaft und Zimtstange in einen Topf geben und aufkochen lassen. Birnen dazugeben und bei kleiner Hitze ca. 15 Min. ziehen lassen. Die Birnen herausnehmen und auf Küchenpapier abtropfen lassen. 2 Birnen in kleine Würfel schneiden.

3 Den Backofen auf 180° (Umluft 160°) vorheizen. Die Form mit Butter einfetten. Für den Teig die Blockschokolade grob hacken und in einer Schüssel über dem heißen Wasserbad schmelzen lassen.

4 Die Butter, den Zucker, die Schokolade und das Puddingpulver in einer Schüssel mit den Schneebesen des Handrührgeräts cremig rühren. Die Eier nach und nach einzeln unterrühren.

5 Das Piment mit dem Mehl und dem Backpulver mischen und unterrühren. Dann die Birnenwürfel unter den Teig mischen. Den Teig in die Form füllen und glatt streichen. Die ganzen Birnen gleichmäßig verteilt in den Teig setzen.

6 Im Backofen (Mitte) 25–30 Min. backen. Den Kuchen herausnehmen. Das Apfelgelee in einen kleinen Topf geben und bei kleiner Hitze erwärmen, den heißen Kuchen damit überziehen. Den Birnenkuchen ganz abkühlen lassen, dann aus der Form lösen. Erst kurz vor dem Servieren mit Puderzucker bestäuben und in 9 große Stücke schneiden.

Variante mit Birnenscheiben

Die Birnen schälen, halbieren und das Kerngehäuse entfernen. Die Birnenhälften quer in dünne Scheiben schneiden und mit 1 EL Ahornsirup mischen. Den Schokoteig wie beschrieben zubereiten. Die Birnen unter den Teig heben. Den Teig in die Form geben und im vorgeheizten Backofen backen. Dann abkühlen lassen, aus der Form lösen und mit Puderzucker bestäuben.

Orangentorte

Feines für die weihnachtliche Kaffeestunde – ohne Backen

ZUBEREITUNG 1 Std.
KÜHLEN 3 Std. 30 Min.
PRO STÜCK 480 kcal

ZUTATEN für 1 Springform (24 cm Ø; ca. 12 Stücke)
250 g Spekulatius | 125 g Butter
Für die Orangencreme:
6 Blatt Gelatine | 1 Zitrone | 100 g Puderzucker
300 ml frisch gepresster Orangensaft (ca. 5 Orangen)
1 EL Orangenmarmelade | 400 g Sahne
250 g Mascarpone | 1 EL Orangenlikör (nach Belieben)
Für den Sirup:
110 g Zucker
1/8 l frisch gepresster Orangensaft
1 Bio-Orange

1 Die Spekulatius in einen Gefrierbeutel geben und den Beutel gut verschließen. Die Plätzchen mit dem Nudelholz fein zerbröseln. Die Brösel in eine Schüssel geben und mit der Butter mit den Knethaken des Handrührgeräts verkneten. Den Rand der Springform auf eine Tortenplatte stellen. Die Spekulatiusmasse gleichmäßig in die Form drücken und 30 Min. in den Kühlschrank stellen.

2 Für die Creme die Gelatine in kaltem Wasser einweichen. Den Saft der Zitrone auspressen. Den Puderzucker in einen Topf geben und bei kleiner Hitze schmelzen lassen. Den Orangensaft dazugießen und so lange rühren, bis sich der Zucker gelöst hat.

3 Den Zitronensaft und die Orangenmarmelade zum Saft geben und unterrühren. Die Gelatine leicht ausdrücken und darin bei kleiner Hitze auflösen. Die Mischung zum Gelieren ca. 20 Min. in den Kühlschrank stellen.

4 Die Sahne steif schlagen. Den Mascarpone in einer großen Schüssel glatt rühren, die gelierte Orangenmasse nach und nach unter den Mascarpone rühren. Nach Belieben den Orangenlikör unterrühren. Die Sahne dazugeben und vorsichtig unterheben.

5 Die Orangencreme auf dem vorbereiteten Bröselboden verteilen und glatt streichen. Die Torte ca. 3 Std. in den Kühlschrank stellen.

6 Inzwischen für den Sirup den Zucker mit Orangensaft oder Wasser in einem kleinen Topf bei mittlerer Hitze in 5–7 Min. sirupartig einköcheln lassen. Die Orange heiß waschen, abtrocknen und in dünne Scheiben schneiden. Die Scheiben halbieren und in dem Orangensirup ca. 2 Min. ziehen lassen.

7 Orangenscheiben herausnehmen und auf Küchendraht abtropfen lassen. Die Torte mit einer Palette vorsichtig vom Rand lösen. Die Orangenscheiben an den Tortenrand drücken. Die restlichen Scheiben in der Mitte der Torte arrangieren.

Schneeflockentorte

zitroniger Traum in Weiß

ZUBEREITUNG 1 Std. 15 Min.
BACKEN 1 Std. 10 Min.
ZIEHEN 2 Std.
PRO STÜCK 590 kcal

ZUTATEN für 1 Torte (ca. 12 Stücke)
Für die Füllung:
1 Vanilleschote | 150 ml Orangenlikör (oder Beerenauslese oder Birnensaft) | 50 g feiner Zucker
2 große Birnen (ca. 600 g) | 500 g Mascarpone
600 g Lemon Curd (aus dem Glas)
Für das Baiser:
2 Eiweiß | 100 g feiner Zucker
je 1 leicht gehäufter EL Puderzucker und Speisestärke
Für den Biskuit:
50 g Butter | 50 g Löffelbiskuits
50 g gemahlene geschälte Mandeln
1 stark gehäufter EL Speisestärke | 5 Eier
1 Päckchen Vanillezucker | 1 Prise Salz | 80 g Zucker

1 Für die Füllung die Vanilleschote längs aufschlitzen und das Mark herauskratzen. Beides mit 150 ml Wasser, Likör und Zucker in einem weiten Topf bei starker Hitze 4–5 Min. kochen lassen. Die Birnen schälen, vierteln, entkernen und längs in sehr dünne Scheiben schneiden. In den Vanillesud geben und zugedeckt 2–3 Min. kochen lassen, ab und zu umrühren. Vom Herd nehmen und bis zum Gebrauch ziehen lassen.

2 Backofen auf 100° (Umluft 80°) vorheizen. Das Backblech mit Backpapier auslegen. Für das Baiser Eiweiße und Zucker mit den Schneebesen des Handrührgeräts (noch besser ist die Küchenmaschine) auf höchster Stufe zu einer dicken, weißen Baisermasse schlagen, bis sie Spitzen zieht. Puderzucker und Stärke darübersieben und unterheben. Die Baisermasse ca. 1 cm hoch auf das Blech streichen. Im Backofen (Mitte) ca. 2 Std. sanft backen, das Baiser soll möglichst weiß bleiben. Herausnehmen und auf einem Kuchengitter abkühlen lassen.

3 Den Backofen auf 180° (Umluft nehmen!) vorheizen. Auf zwei Backpapierstücke je zwei Kreise (ca. 20 cm Ø) malen, auf zwei Backbleche legen. Für den Biskuit die Butter schmelzen und etwas abkühlen lassen. Die Löffelbiskuits in einem Gefrierbeutel mit dem Nudelholz fein zerbröseln, dann mit Mandeln und Stärke mischen.

4 Die Eier trennen. Die Eiweiße mit Vanillezucker und Salz steif schlagen. Die Eigelbe mit 1 EL Wasser und Zucker hellschaumig schlagen. Den Eischnee daraufgeben, mit Bröselmischung bestreuen. Alles unter die Schaummasse heben, dabei die Butter dazufließen lassen.

5 Den Teig in den aufgezeichneten Kreisen verteilen, glatt streichen. Beide Bleche mit Abstand in den Ofen schieben und die Teigkreise in ca. 10 Min. goldbraun backen, dabei die Bleche nach etwa der Hälfte der Backzeit umtauschen. Herausnehmen und die Biskuitböden auf den Blechen abkühlen lassen. Die Birnen in einem Sieb abtropfen lassen, dabei 100 ml Birnensud auffangen.

6 Mascarpone mit Birnensud und 250 g Lemon Curd verrühren. Drei Biskuitböden mit der Hälfte der Creme bestreichen. Um einen der Böden einen Tortenring legen, ein Drittel der Birnen auf dem Boden verteilen und mit einem Drittel des übrigen Lemon Curd bestreichen. Den zweiten bestrichenen Boden daraufsetzen. So fortfahren, bis der unbestrichene Boden obenauf liegt. Die Torte ca. 2 Std. ziehen lassen.

7 Das Baiser klein zerbröseln. Den Tortenring lösen, die Torte rundum mit der übrigen Mascarponecreme bestreichen. Mit den Baiserbröseln als Schneeflocken garnieren. Sofort servieren.

Lemon Curd selbst gemacht

Für ca. 350 g: 4 Eier, 150 g Zucker, 1 TL fein abgeriebene Schale von 1 Bio-Zitrone und 80 ml frisch gepressten Zitronensaft in einem Topf bei schwacher Hitze 20–30 Min. rühren, bis eine dicke Creme entstanden ist. 1 EL weiche Butter darin schmelzen, dann abkühlen lassen.

Chocolate Cake

Verführerisches aus den USA

ZUBEREITUNG 1 Std.
BACKEN 35 Min.
PRO STÜCK 560 kcal

ZUTATEN für 1 Springform (22 cm Ø; ca. 12 Stücke)

Für den Teig:
100 g Zartbitterschokolade | 100 g weiche Butter
75 g Puderzucker | 4 Eier | 75 g Zucker | 100 g Mehl

Für die Creme:
100 g Zartbitterschokolade | 200 g weiche Butter
200 g Puderzucker | 1 Päckchen Vanillezucker
2 EL Kakaopulver | 200 g Sahne
150 g Johannisbeergelee

Für die Deko:
50 g Zartbitterkuvertüre | 1 TL neutrales Öl

1 Für den Teig die Schokolade in Stücke brechen und in einer Schüssel über dem heißen Wasserbad schmelzen lassen. Den Backofen auf 180° vorheizen. Die Form mit Backpapier auslegen.

2 Die Butter mit dem Puderzucker und der Schokolade in einer Schüssel mit den Schneebesen des Handrührgeräts glatt rühren. Die Eier trennen. Die Eigelbe nach und nach unter die Buttermasse rühren. Die Eiweiße steif schlagen und den Zucker unter Rühren einrieseln lassen. Den Eischnee und das Mehl daraufgeben und locker unter den Teig heben.

3 Den Teig in die Form füllen. Im Ofen (Mitte, Umluft 160°) 30–35 Min. backen. Den Biskuitboden herausnehmen und abkühlen lassen, dann aus der Form lösen.

4 Für die Creme die Schokolade in Stücke brechen und mit der Butter in einer Schüssel über dem heißen Wasserbad schmelzen, dann leicht abkühlen lassen. Die Schoko-Butter-Mischung mit Puderzucker, Vanillezucker und Kakaopulver cremig rühren. Die Sahne steif schlagen. Die Schokoladencreme nach und nach unter die Sahne rühren.

5 Das Johannisbeergelee erwärmen. Den Biskuitboden zweimal quer durchschneiden, sodass drei Böden entstehen. Die Schokoladencreme halbieren.

6 Zwei Biskuitböden mit zwei Dritteln vom Johannisbeergelee und der Hälfte der Schokoladencreme bestreichen. Die beiden Böden so aufeinanderlegen, dass die bestrichene Seite des zweiten Bodens obenauf liegt. Den dritten unbestrichenen Boden darauflegen und leicht andrücken. Die Torte mit dem übrigen Johannisbeergelee rundum bestreichen. Dann mit der restlichen Schokoladencreme glatt bestreichen.

7 Für die Deko die Kuvertüre in einer Schüssel über dem heißen Wasserbad schmelzen lassen. Eine Platte dünn mit Öl bestreichen, die Kuvertüre dünn darauf streichen und fest werden lassen. Die Kuvertüre mit einer Palette oder einem Messer mit breiter Klinge so zusammenschieben, dass Röllchen entstehen. Die Torte damit belegen.

Deko-Tipps

100 g Marzipanrohmasse mit 50 g Puderzucker verkneten, dann zwischen Klarsichtfolie ca. 1 cm dick ausrollen. Mit einem scharfen Messer »X-mas« ausschneiden und auf die Torte legen. Leicht andrücken.
Oder frische Früchte (z. B. helle Trauben, Kirschen, Cranberrys, Physalis) waschen und trocken tupfen, erst in Zitronensaft und dann in Zucker wenden. Den Zucker leicht antrocknen lassen. Die Torte damit verzieren.

Bûche de noël

so feiert Frankreich

ZUBEREITUNG 1 Std.
BACKEN 10 Min.
KÜHLEN 4 Std.
PRO STÜCK 200 kcal

ZUTATEN für 1 Biskuitrolle (ca. 18 Stücke)

Für den Überzug:
100 g Sahne
100 g Zartbitterschokolade
1 EL Butter
Kakaopulver und Puderzucker zum Bestäuben

Für die Füllung:
150 g Vollmilchschokolade
2 EL Butter
2 ganz frische Eier
2 EL feiner Zucker
1 Prise Salz
50 g Sahne

Für den Teig:
6 Eier
1 Prise Salz
2 Päckchen Vanillezucker
80 g feiner Zucker
100 g Mehl
Speisestärke zum Bestäuben

1 Für den Überzug die Sahne in einem kleinen Topf aufkochen lassen, vom Herd nehmen. Die Schokolade klein hacken, mit der Butter zur Sahne geben und beides darin schmelzen lassen, dann glatt rühren. Die Masse 2–3 Std. in den Kühlschrank stellen und fast fest werden lassen, dabei gelegentlich umrühren.

2 Für die Füllung die Schokolade klein hacken. Mit der Butter in einem kleinen Topf unter Rühren bei kleiner Hitze schmelzen lassen, dann in eine Schüssel umfüllen. Die Eier trennen. Die Eigelbe mit dem Zucker unter die Schokomasse rühren, kurz abkühlen lassen. Die Eiweiße mit Salz steif schlagen. Ein Drittel davon unter die Schokomasse rühren, den Rest unterheben. Die Sahne steif schlagen und unterziehen. Die Füllung ca. 2 Std. kalt stellen, bis sie beginnt, fest zu werden.

3 Den Backofen auf 200° (Umluft 180°) vorheizen. Das Backblech mit Backpapier auslegen. Ein großes Küchenhandtuch hauchdünn mit Stärke bestäuben.

4 Für den Teig die Eier trennen. Die Eiweiße mit Salz mit den Schneebesen des Handrührgeräts steif schlagen, dabei den Vanillezucker einrieseln lassen. Eigelbe und Zucker hellschaumig schlagen. Den Eischnee auf die Schaummasse häufen. Das Mehl darübersieben und unterheben. Den Teig gleichmäßig auf das Blech streichen. Im Ofen (Mitte) in 8–10 Min. goldbraun backen.

5 Den Biskuit auf das Küchentuch stürzen, sofort das Backpapier abziehen. Dann mit Hilfe des Tuchs von der Längsseite her einrollen und abkühlen lassen.

6 Sobald die Schokofüllung beginnt fest zu werden, den Biskuit ausrollen und mit der Füllung bestreichen,

dabei rundum einen kleinen Rand frei lassen. Den Biskuit wieder aufrollen und mit der »Naht« nach unten auf eine Platte legen. Die Füllung im Kühlschrank in 30–60 Min. ganz fest werden lassen.

7 Dann den Schokoüberzug mit den Schneebesen des Handrührgeräts auf mittlerer Stufe cremig weich rühren. Die Biskuitrolle mit dem Überzug bestreichen, die Oberfläche mit einer schmalen Palette wie eine Baumrinde formen. Den Überzug im Kühlschrank in ca. 15 Min. fest werden lassen. Bûche de noël dünn mit Kakaopulver und Puderzucker bestäuben. Sofort servieren.

Deko-Tipp

Noch echter wirkt das gebackene »Holzscheit« (frz. bûche) mit Borkensplittern. Dafür ca. 100 g Zartbitterschokolade fein hacken und in einer Schüssel über dem heißen Wasserbad schmelzen lassen. Dünn auf Backpapier streichen und fest werden lassen. Dann das Papier aufrollen und die Schokolade in unterschiedlich große Splitter brechen. Auf dem noch weichen Schokoüberzug verteilen. Die Biskuitrolle kalt stellen.

Aroma-Tipp

Wer möchte, kann dem Schokoüberzug noch einen Hauch Weihnachtsaroma verleihen: Die Sahne am Vortag mit 1 Zimtstange, 1 Sternanis, 6 Nelken und 1/2 eingeschnittenen Vanillestange erhitzen und über Nacht ziehen lassen. Dann durch ein Sieb gießen und wie beschrieben verarbeiten.

Vanillerolle mit Amarettini

immer eine Versuchung wert

ZUBEREITUNG 50 Min.
PRO STÜCK 160 kcal

ZUTATEN für 1 Biskuitrolle (ca. 18 Stück)

Für den Teig:
5 Eier | 1 Prise Salz | 100 g Zucker | 50 g Mehl
50 g gemahlene geschälte Mandeln
Speisestärke zum Bestäuben

Für die Füllung und den Überzug:
1 Vanilleschote | 1/2 l Milch
1 Päckchen Vanillepuddingpulver (zum Kochen)
100 g Zucker | 100 g Sahne
1 Päckchen Vanillezucker | 1 TL Sofort-Gelatine
80 g Amarettini (italienisches Mandelgebäck)

1 Den Backofen auf 200° (Umluft 180°) vorheizen. Das Backblech mit Backpapier auslegen. Ein großes Küchenhandtuch hauchdünn mit Stärke bestäuben.

2 Für den Teig die Eier trennen. Die Eiweiße mit Salz mit den Schneebesen des Handrührgeräts steif schlagen. Eigelbe und Zucker hellschaumig schlagen. Eischnee auf die Schaummasse häufen. Mehl und Mandeln daraufgeben und unterheben. Den Teig gleichmäßig auf das Blech streichen. Im Ofen (Mitte) 8–10 Min. backen.

3 Für die Füllung die Vanilleschote längs aufschlitzen und das Mark herauskratzen. 5–6 EL Milch mit Puddingpulver und Zucker verrühren. Die übrige Milch mit Vanilleschote und -mark aufkochen lassen. Das angerührte Pulver unterrühren und nach Packungsangabe einen Pudding kochen. Die Vanilleschote entfernen. Den Pudding lauwarm werden lassen, dabei gelegentlich umrühren.

4 Den Biskuit auf das Küchentuch stürzen und sofort das Backpapier abziehen. Dann mit Hilfe des Tuchs von der Längsseite her einrollen und abkühlen lassen. Den Biskuit ausrollen und mit ca. 400 g Pudding bestreichen, dabei rundum einen kleinen Rand frei lassen, dann kurz abkühlen lassen. Den Biskuit aufrollen und mit der »Naht« nach unten auf eine Platte legen. Mit übrigem Pudding bestreichen und abkühlen lassen.

5 Sahne mit Vanillezucker steif schlagen, dabei die Gelatine einstreuen. Biskuitrolle damit bestreichen. Amarettini nicht zu fein zerbröseln und darüberstreuen.

Festliche Menüs

Lust auf ein bisschen Luxus

Die Weihnachtstage sollten gefeiert werden – und zwar mit viel Liebe und dem Besten, was die Küche hergibt! Ein **festliches Menü** ist da genau das Richtige. Wählen Sie aus vier **perfekten Trios** Ihr Lieblingsmenü aus – entweder mit Fisch oder mit Fleisch, ganz vegetarisch oder bunt gemixt. Alle Menüs haben einen gelungenen Auftakt, einen glanzvollen Mittelpunkt und ein unwiderstehlich süßes Finale – alle Gänge stets **harmonisch kombiniert** und mit **aromatischem Überraschungseffekt.** Entscheiden Sie sich jetzt!

Veggi-Menü für 6 Personen

Dieses ausgefallene Menü in drei Gängen macht »vegetarische Herzen« froh. Gestartet wird mit einer leichten Suppe, deren feines nussig-zitroniges Topinambur-Aroma nach mehr verlangt. Eine zarte Sahnehaube, krosse Rote-Bete-Chips und goldbraune Sesamsamen liefern dazu nicht nur einen optischen Kontrast, sondern zugleich Harmonie im Geschmack. Als Nächstes kommt ein Risotto auf den Tisch, den Sie nicht so schnell vergessen werden – er zergeht förmlich auf der Zunge. In den Hauptrollen: Gorgonzola, Trevisano und Kürbis. Widerstand zwecklos! Sie denken, das ist nicht zu übertreffen? Falsch! Löffel für Löffel können Sie sich vom Gegenteil überzeugen, wenn eisgekühltes Tiramisu samt fruchtigen Beeren mit einer balsamischen, süßen Basilikumsauce Ihren Gaumen verwöhnen.
Sie haben sich für dieses Menü entschieden? Dann steht dem Einkauf nichts mehr im Wege. Und ist alles besorgt, kann es auch schon fast mit der Zubereitung losgehen. Ein paar Planungstipps für die optimale Vor- und Zubereitung des Menüs helfen Ihnen dabei, später nicht nur am Herd zu stehen, sondern auch ausreichend Zeit für die Gäste zu haben:

Für die Planung

Am Vortag

- Das Topinambur-Süppchen zubereiten, pürieren, abschmecken und zugedeckt kalt stellen. Die dunkelgrünen Frühlingszwiebelringe in einem Plastikbeutel mit in den Kühlschrank geben. Die Sesamsamen goldbraun rösten.
- Für das Tiramisu den Biskuit backen, abkühlen lassen und die Kreise ausstechen. In eine Box geben und diese luftdicht verschließen. Die Basilikumsauce zubereiten und kalt stellen.

Am Festtag (3–4 Std. vor dem Finish)

- Für das Tiramisu die Beeren mit Vanillezucker bestreuen, auftauen und Saft ziehen lassen.
- Für den Risotto Schalotten und Knoblauch schneiden, Parmesan in Späne hobeln und fein reiben, Gorgonzola würfeln, Radicchio in Blätter teilen und den Kürbis würfeln.
- Für die Suppe Rote Bete in möglichst dünne Scheiben schneiden und trocken tupfen.
- Für das Tiramisu die Mascarponecreme anrühren, die Biskuitkreise mit Mandellikör beträufeln. Beides mit den Beeren in die Gläser einschichten. 2–3 Std. tiefkühlen.
- Das Süppchen aus dem Kühlschrank nehmen. Die Sahne halbsteif schlagen und kalt stellen.

Am Festtag – das Finish

- Das Topinambur-Süppchen erhitzen. Für die Chips das Öl zum Frittieren erhitzen und die Rote-Bete-Scheiben darin braten, entfetten und würzen. Die Suppe auf Teller verteilen und mit Sahne, Chips, Sesamsamen und den Zwiebelringen anrichten. Sofort servieren.
- Den Risotto und den Kürbis zubereiten, auf Tellern anrichten und servieren.
- Die Tiramisu-Törtchen 10–15 Min. vor dem Servieren aus dem Tiefkühlfach nehmen und antauen lassen. Dann auf Teller stürzen und mit der Basilikumsauce garnieren. Sofort servieren.

Topinambur-Süppchen

mit Rote-Bete-Chips

ZUBEREITUNG 1 Std.
PRO PORTION 205 kcal

ZUTATEN für 6 Personen

Für die Suppe:
3 kleine Frühlingszwiebeln
1 kleine Bio-Zitrone
600 g Topinambur
3 EL Olivenöl
150 ml trockener Weißwein (oder Gemüsefond)
900 ml Gemüsefond (aus dem Glas)
Salz | frisch gemahlener weißer Pfeffer
120 g Sahne

Für die Chips:
150 g gegarte Rote Bete (vakuumverpackt)
3 gehäufte TL helle Sesamsamen
120 ml Öl zum Frittieren | Salz
frisch gemahlener weißer Pfeffer

1 Für die Suppe die Frühlingszwiebeln putzen und waschen, die hellgrünen und weißen Teile klein würfeln, die dunkelgrünen schräg in feine Ringe schneiden und zugedeckt beiseitestellen. Die Zitrone heiß waschen und abtrocknen, die Schale fein abreiben und den Saft auspressen. Die Tompinamburknollen unter fließendem Wasser gründlich waschen, schälen, klein würfeln und mit Zitronensaft und -schale vermischen.

2 Das Olivenöl in einem Topf erhitzen, die Zwiebelwürfel darin andünsten. Die Tompinamburwürfel dazugeben und kurz mitdünsten. Dann mit Wein und Fond ablöschen, aufkochen und bei mittlerer Hitze 20–25 Min. kochen lassen, bis die Topinamburwürfel weich sind.

3 Inzwischen für die Chips die Rote Bete in möglichst dünne Scheiben schneiden und mit Küchenpapier trocken tupfen. Die Sesamsamen in einer kleinen Pfanne bei mittlerer Hitze goldbraun rösten.

4 Das Öl zum Frittieren in einer großen Pfanne erhitzen. Die Rote-Bete-Scheiben einlegen und in 2–3 Min. knusprig braten, dabei ab und zu wenden. Die Chips mit dem Schaumlöffel aus der Pfanne heben und auf Küchenpapier entfetten. Salzen und pfeffern.

5 Die Suppe mit dem Pürierstab fein pürieren und mit Salz und Pfeffer abschmecken. Die Sahne halbsteif schlagen. Die Suppe auf vorgewärmte Suppenteller oder Suppentassen verteilen und jeweils einen großen Klecks Sahne in die Mitte setzen. Die Chips dekorativ darauf anrichten und mit den Sesamsamen bestreuen. Die beiseitegelegten Frühlingszwiebelringe über die Suppe streuen. Sofort servieren.

Trevisano-Gorgonzola-Risotto

mit gedünstetem Kürbis

ZUBEREITUNG 1 Std.
PRO PORTION 520 kcal

ZUTATEN für 6 Personen
ca. 900 ml Gemüsefond (aus dem Glas)
3 kleine Schalotten
3 Knoblauchzehen
6 EL Butter
450 g Risotto-Reis (z. B. Arborio oder Vialone nano)
300 ml trockener Weißwein (oder Gemüsefond)
300 g Radicchio di Treviso (Trevisano; oder Radicchio)
90 g Parmesan
90 g Gorgonzola
1 Stück Kürbis (ca. 600 g; z. B. Butternut oder Muskat)
Salz
frisch gemahlener weißer Pfeffer
frisch geriebene Muskatnuss

1 Den Gemüsefond in einem kleinen Topf erhitzen und warm halten. Die Schalotten und den Knoblauch schälen und fein schneiden. In einem großen Topf 3 EL Butter schmelzen lassen, die Schalotten und den Knoblauch darin andünsten. Den Reis dazugeben und glasig werden lassen. Dann mit dem Wein ablöschen und bei starker Hitze unter Rühren einkochen lassen.

2 Wenn der Wein eingekocht ist, den Reis knapp mit heißem Fond bedecken und bei kleiner bis mittlerer Hitze in 20–25 Min. garen, bis die Körner außen weich sind, innen aber noch Biss haben. Dabei gelegentlich umrühren und immer wieder etwas Fond nachgießen.

3 Zwischendurch den Trevisano waschen, putzen und die Blätter vom Strunk schneiden. Lange Blätter quer halbieren oder dritteln. Vom Parmesan mit einem Sparschäler 1 Handvoll feine Späne abziehen, den Rest fein reiben. Den Gorgonzola klein würfeln.

4 Den Kürbis schälen, von den Kernen befreien und in ca. 1 cm große Würfel schneiden. Die übrige Butter in einer großen Pfanne schmelzen lassen und die Kürbiswürfel darin zugedeckt bei mittlerer Hitze in ca. 10 Min. bissfest dünsten. Mit Salz, Pfeffer und Muskat abschmecken. Den Kürbis warm halten.

5 Ist der Reis al dente (also außen weich und innen noch mit Biss), den Gorgonzola und den geriebenen Parmesan untermischen und schmelzen lassen. Mit Salz und Pfeffer abschmecken. Den Trevisano untermischen und den Risotto kurz ziehen lassen.

6 Dann den Risotto auf vorgewärmte Teller verteilen und den Kürbis dekorativ darauf anrichten, mit den Parmesanspänen bestreuen. Sofort servieren.

Austausch-Tipps

Wer dem Risotto eine fruchtige Note verleihen möchte, ersetzt ein Drittel oder sogar die Hälfte des Kürbis durch aromatische Birnen oder säuerliche Äpfel. Auch sehr fein: Anstelle von Gorgonzola einmal Ziegenweichkäse nehmen und den Radicchio di Treviso durch 200 g Rucola ersetzen.

Geeiste Beeren-Tiramisu-Törtchen

mit süßer Basilikumsauce

ZUBEREITUNG 1 Std. 15 Min.
BACKEN 8 Min.
TIEFKÜHLEN 3 Std.
PRO PORTION 600 kcal

ZUTATEN für 6 Personen
Für das Tiramisu:
300 g TK-Beeren (z. B. Himbeeren, Brombeeren, Heidelbeeren, Erdbeeren – jede Sorte einzeln oder auch gemischt)
3 Päckchen Vanillezucker
6 Eier | 1 Prise Salz
150 g Zucker | 60 g Mehl
300 g Mascarpone
6 EL Mandellikör (z. B. Amaretto; oder Orangensaft)
Für die Sauce:
3 EL Zucker
3 Päckchen Vanillezucker
3 Stängel Basilikum
3 EL frisch gepresster Zitronensaft
3 große Prisen Sofort-Gelatine
Außerdem:
runde Ausstechform (ca. 7 cm Ø)
6 Gläser mit geradem, nicht zu hohem Rand (z. B. Tumbler, 8 cm Ø, 10 cm Höhe, 1/4 l Inhalt)

1 Den Backofen auf 200° (Umluft 180°) vorheizen. Das Backblech mit Backpapier auslegen. Für das Tiramisu die Beeren in eine weite Schüssel geben und mit dem Vanillezucker bestreuen. Die Beeren auftauen und Saft ziehen lassen.

2 3 Eier trennen. Die Eiweiße mit Salz steif schlagen. Die Eigelbe mit 60 g Zucker hellschaumig schlagen. Eischnee und Mehl mit dem Schneebesen unterheben. Den Teig als Rechteck (ca. 26 x 30 cm) auf das Backblech streichen. Im Ofen (Mitte) in ca. 8 Min. goldbraun backen. Auf ein Kuchengitter stürzen und das Papier vorsichtig abziehen.

3 Die übrigen Eier mit dem restlichen Zucker hellschaumig schlagen, den Mascarpone dazugeben und glatt verrühren. Aus dem Biskuit 12 Kreise ausstechen und mit dem Likör beträufeln.

4 Je 1 EL Creme in die Gläser geben, dann je 1 Biskuitkreis darauflegen und leicht andrücken. Die Hälfte der Beeren und 2–3 EL Creme einfüllen. Die übrigen Biskuitkreise daraufgeben und leicht andrücken. Die restlichen Beeren und die übrige Creme darauf verteilen. Zugedeckt im Tiefkühlfach 2–3 Std. gefrieren lassen.

5 Für die Sauce 120 ml Wasser mit Zucker und Vanillezucker in einem kleinen Topf verrühren, aufkochen und bei starker Hitze in 5 Min. zu Sirup einkochen lassen. Vom Herd nehmen, in einen hohen Rührbecher füllen und abkühlen lassen. Basilikum waschen und trocken schütteln, die Blättchen abzupfen.

6 Die Gläser 10–15 Min. vor dem Servieren aus dem Tiefkühlfach nehmen, Tiramisu antauen lassen. Inzwischen Basilikum, Zitronensaft und Sofort-Gelatine zum Sirup geben und mit dem Pürierstab pürieren.

7 Nach dem Antauen mit einem kleinen Messer am Glasrand entlang fahren. Tiramisu lösen und als Törtchen auf Teller stürzen. Die Sauce rundum verteilen. Sofort servieren.

Austausch-Tipps

Wer keinen Biskuit backen möchte, kann stattdessen 150 g Löffelbiskuits in grobe Stücke brechen, dann mit Creme und Beeren in die Gläser schichten.
Eine Alternative zu Basilikum ist Zitronenmelisse oder Minze – dann nur 2 Stängel nehmen.

Deko-Tipp

Hübscher sehen die Beeren-Tiramisu-Törtchen aus, wenn man sie vor dem Servieren mit etwas Puderzucker bestäubt und ein paar Basilikumblättchen und Beeren dazulegt.

Fisch-Menü für 6 Personen

Dieses raffinierte dreigängige Menü ist genau das Richtige für alle, die nach der Bescherung das Besondere lieben und keine Lust auf Fleisch oder Vegetarisches haben – Vorspeise wie Hauptgang bestehen aus Fisch. Orangerotes Lachsforellenfilet kommt als fein-aromatisches Tatar mit krossen Röstbroten auf die Teller. Ein süßsäuerlich angemachter Salat ist dazu die perfekte Ergänzung. Danach folgen Seeteufel-Medaillons, deren edles Fleisch durch eine goldbraune Kruste getoppt wird. Zusammen mit Safrantomaten und Wildreis als Beilagen serviert – ein absolutes Gedicht! Und der krönende Abschluss ist ein himmlisches Dessert, bei dem ein zarter Vanilleflan, knuspriges Macadamiakrokant und eine luftige Schoko-Sabayon Zunge und Gaumen umschmeicheln.
Haben Sie Lust auf dieses edle Menü bekommen? Dann nichts wie ran! Einkaufszettel schreiben und alle Zutaten dafür besorgen. Damit Sie später nicht nur in der Küche stehen, sondern mit Ihren Gästen am Tisch sitzen und genießen können, gibt es auch noch ein paar Planungstipps dazu, die bei der optimalen Vor- und Zubereitung des Menüs helfen:

Für die Planung

Am Vortag

- Vanilleflans zubereiten und bis zum Gebrauch in den Kühlschrank stellen.
- Die Pinienkernbutter für die Seeteufel-Kruste zubereiten, zur Rolle formen, in Folie wickeln und ebenfalls in den Kühlschrank legen.
- Für das Tatar das Lachsforellenfilet entgräten, kalt stellen.

Am Festag (ca. 1 Std. 30 Min. vor dem Finish)

- Den Macadamiakrokant zubereiten, auskühlen lassen und hacken.
- Für den Salat die Birne vorbereiten und dünsten. Vinaigrette zubereiten und wie die übrige Birne zugedeckt beiseitestellen. Blattsalate vorbereiten, zugedeckt kühl stellen.
- Für den Schaum Fischfond, Sahne und Portwein einkochen lassen und beiseitestellen.
- Für die Tomaten Knoblauchöl und Safransalz zubereiten. Tomaten vorbereiten, in die Form legen, mit Knoblauchöl bepinseln, mit Safransalz bestreuen, mit Puderzucker bestäuben. Zugedeckt bis zum Gebrauch beiseitestellen.
- Die Flans aus den Formen lösen und auf Teller oder in Schälchen stürzen, kühl stellen.
- Für die Röstbrote das Baguette in dünne Scheiben schneiden. Fischtatar und Frühlingszwiebelkringel zubereiten und kalt stellen.

Am Festtag – das Finish

- Brotscheiben rösten, mit Tatar und Frühlingszwiebelkringeln belegen. Salat mit Vinaigrette mischen, mit übriger Birne und Röstbroten auf Tellern anrichten. Sofort servieren. Zwischendurch Reis-Mix garen und die Tomaten in den Ofen schieben. Die Teller vorwärmen.
- Seeteufel-Medaillons vorbereiten, braten, mit Pinienkernbutter in Scheiben belegen und im Ofen gratinieren. Portweinsahne aufkochen, mit Butter verfeinern, würzen und aufmixen. Reis abschmecken. Fisch, Reis, Tomaten und Schaum auf Tellern anrichten. Sofort servieren.

Lachsforellentatar

mit süßsäuerlichem Salat

ZUBEREITUNG 55 Min.
PRO PORTION 295 kcal

ZUTATEN für 6 Personen
Für den Salat:
1 festfleischige Birne
7 EL Olivenöl
10 EL Apfelessig
Salz
frisch gemahlener weißer Pfeffer
2–3 TL Ahornsirup
1 kleiner Radicchio
1 Staude Chicorée
60 g Feldsalat
Für das Tatar:
3 Frühlingszwiebeln
1 große Bio-Limette
300 g ganz frisches Lachsforellenfilet (ohne Haut)
1 EL Olivenöl | Salz
frisch gemahlener weißer Pfeffer
Außerdem:
1 Stück Baguette (ca. 24 cm)

1 Für den Salat die Birne vierteln, schälen, entkernen und klein würfeln oder Sterne ausstechen. 1 EL Öl erhitzen, die Birne darin 2–3 Min. andünsten. Mit 1 EL Essig ablöschen, mit Salz und Pfeffer würzen.

2 Für die Vinaigrette 2 EL der Birne mit übrigem Essig und Öl sowie dem Ahornsirup mit dem Pürierstab fein pürieren. Mit Salz und Pfeffer abschmecken.

3 Radicchio und Chicorée vom Strunk befreien und in die einzelnen Blätter teilen. Den Feldsalat verlesen und putzen. Salat waschen und trocken schleudern, größere Blätter in mundgerechte Stücke zupfen oder schneiden.

4 Den Backofengrill vorheizen. Das Baguetteende schräg abschneiden, damit die Brotscheiben schön groß werden. Baguette in ca. 0,5 cm dünne Scheiben schneiden und auf ein Backblech legen.

5 Für das Tatar die Frühlingszwiebeln putzen und waschen, dabei die dunkelgrünen Teile wegschneiden. Von 1 Frühlingszwiebel den hellgrünen Teil abschneiden und längs in sehr feine Streifen schneiden. Die Streifen in eiskaltes Wasser legen, damit sie sich aufkringeln. Restliche Frühlingszwiebeln fein hacken. Die Limette heiß waschen und abtrocknen, die Schale fein abreiben und den Saft auspressen.

6 Das Forellenfilet eventuell von den Gräten befreien und fein hacken. Mit gehackten Frühlingszwiebeln, Öl, Limettensaft und -schale mischen. Salzen und pfeffern. Brotscheiben unterm Backofengrill (oben) in 1–2 Min. goldbraun rösten. Tatar darauf verteilen und mit den Zwiebelkringeln dekorieren.

7 Die Salatblätter mit der Vinaigrette mischen und auf großen Tellern anrichten, übrige Birnenwürfel oder -sterne darauf verteilen. Jeweils 2 Röstbrote daneben legen. Sofort servieren.

Seeteufel mit Pinienkernkruste

Portweinschaum, Safrantomaten und Wildreis-Mix

ZUBEREITUNG 1 Std. 20 Min.
PRO PORTION 920 kcal

ZUTATEN für 6 Personen
Für den Fisch:
60 g Pinienkerne
1 Scheibe Toastbrot
1 große Handvoll Basilikumblätter
120 g weiche Butter
Fleur de sel (oder normales Salz)
frisch gemahlener weißer Pfeffer
12 Seeteufel-Medaillons (à ca. 80 g)
Für die Tomaten:
3 Knoblauchzehen
6 EL Olivenöl
3 TL Fleur de sel (oder normales Salz)
1 Döschen gemahlener Safran (0,1 g)
18 kleine Strauchtomaten (ca. 650 g)
frisch gemahlener weißer Pfeffer
Puderzucker zum Bestäuben
Für den Schaum:
150 ml Fischfond (aus dem Glas)
150 g Sahne
150 ml weißer Portwein
90 g Butter
Fleur de sel (oder normales Salz)
frisch gemahlener weißer Pfeffer
Für den Reis:
3 EL Olivenöl
300 g Wildreis-Mischung
(z. B. Natur-Langkornreis, Wildreis und roter Camargue-Reis)
600 ml Gemüsefond (aus dem Glas)
3 TL Butter

1 Für den Fisch die Pinienkerne in einer Pfanne ohne Fett bei mittlerer Hitze goldbraun rösten. Herausnehmen und sehr fein hacken. Den Toast entrinden und fein zerbröseln. Die Basilikumblätter fein hacken. 90 g Butter mit den Schneebesen des Handrührgeräts cremig rühren, Brotbrösel, Pinienkerne und Basilikum untermischen, mit Fleur de sel und Pfeffer würzen. Die Butter zur Rolle formen (ca. 3 cm Ø), in Klarsichtfolie wickeln und bis zum Gebrauch kalt stellen.

2 Für die Tomaten den Knoblauch schälen, durch die Presse drücken und mit dem Öl verrühren. Fleur de sel und Safran im Mörser zerreiben. Die Tomaten waschen, halbieren und mit der Schnittfläche nach oben dicht nebeneinander in eine flache Auflaufform setzen. Mit Knoblauchöl bepinseln, mit Safransalz bestreuen, pfeffern und ganz fein mit Puderzucker bestäuben. Den Backofen auf 180° (Umluft 160°) vorheizen.

3 Für den Schaum Fischfond, Sahne und Portwein in einen kleinen Topf geben und aufkochen, dann offen bei starker bis mittlerer Hitze in 35–40 Min. einkochen lassen. Dann warm halten.

4 Für den Reis das Öl in einem Topf erhitzen, den Reis darin bei starker Hitze kurz andünsten. Mit Gemüsefond ablöschen und den Reis zugedeckt bei kleiner Hitze in 35–40 Min. gar quellen lassen. Die Tomaten im Backofen (Mitte) in 25–30 Min. garen.

5 Die Seeteufel-Medaillons trocken tupfen, mit Fleur de sel und Pfeffer würzen. Die restliche Butter in einer großen Pfanne schmelzen lassen, die Medaillons darin bei mittlerer Hitze von jeder Seite 2–3 Min. braten.

6 Den Backofengrill zuschalten. Die Seeteufel-Medaillons auf ein Backblech legen. Pinienkernbutter in dünne Scheiben schneiden und auf den Medaillons verteilen. Die Medaillons im Ofen (oben) ca. 5 Min. gratinieren, bis die Kruste goldbraun ist. (Die Tomaten bleiben in dieser Zeit mit im Ofen.)

7 Die Butter für den Schaum in kleine Stücke schneiden, zur Portweinsauce geben und darin unter Rühren schmelzen lassen. Die Sauce mit Fleur de sel und Pfeffer abschmecken.

8 Den Reis mit der Butter verfeinern, mit Fleur de sel und Pfeffer abschmecken und auf vorgewärmten Tellern anrichten. Die Tomaten und die Medaillons daneben setzen. Die Portweinsauce mit dem Pürierstab kurz aufmixen und ein bisschen davon um den Fisch verteilen. Sofort servieren. Übrige Sauce mit auf den Tisch stellen, damit sich jeder davon nachnehmen kann.

Vanilleflan mit Macadamiakrokant

und weißes Schokoladen-Sabayon

ZUBEREITUNG 1 Std.
GAREN 40 Min.
KÜHLEN 12 Std.
PRO PORTION 430 kcal

ZUTATEN für 6 Personen
Für die Flans:
3 Vanilleschoten
300 ml Milch
180 g Sahne
6 Eigelb
3 Päckchen Vanillezucker
Für das Krokant:
60 g Macadamianüsse
3 gehäufte EL Zucker
Für das Sabayon:
60 g weiße Schokolade
60 ml trockener Weißwein
(oder Birnensaft)
3 Eigelb | 3 TL Puderzucker
Außerdem:
6 hitzebeständige Förmchen
(à ca. 100 ml Inhalt)

1 Für die Flans die Vanilleschoten längs aufschlitzen und das Mark mit einem kleinen Messer herauskratzen. Schoten und Mark mit Milch und Sahne in einen Topf geben und aufkochen lassen. Vom Herd nehmen und zugedeckt ca. 15 Min. ziehen lassen (gerne auch länger).

2 Inzwischen den Backofen auf 150° (Umluft 130°) vorheizen. Die Förmchen nebeneinander in eine große Auflaufform oder eine Bratreine stellen. Die Vanilleschoten aus der Sahnemilch entfernen.

3 Die Eigelbe und den Vanillezucker in einer Schüssel verrühren, die Sahnemilch langsam dazufließen lassen. Die Mischung in die Förmchen füllen. Dann so viel kochend heißes Wasser in die Auflaufform oder Reine gießen, dass die Förmchen zu zwei Dritteln im Wasser stehen. Die Masse im Backofen (Mitte) in ca. 40 Min. garen und stocken lassen. Die Förmchen aus dem Wasserbad nehmen, die Flans abkühlen lassen und zugedeckt 12 Std. (am besten über Nacht) kalt stellen.

4 Am nächsten Tag für den Krokant die Macadamianüsse grob hacken. Den Zucker dünn in eine kleine beschichtete Pfanne streuen und bei mittlerer Hitze schmelzen und goldbraun werden lassen. Die Nüsse untermischen. Den Krokant sofort auf Backpapier verteilen und fest werden lassen.

5 Inzwischen die Förmchen mit dem Flan aus dem Kühlschrank nehmen. Mit einem kleinen Messer am Förmchenrand entlangfahren und die Flans lösen. Jeweils auf einen Teller oder in ein weites Schüsselchen stürzen. Die Krokantnüsse grob hacken.

6 Für das Sabayon die Schokolade fein hacken, in einen kleinen Topf geben und bei kleiner Hitze schmelzen lassen. Den Weißwein in einem Topf erhitzen. Eigelbe und Puderzucker in eine Metallschüssel (am besten mit rund gewölbtem Boden) geben und über dem heißen Wasserbad mit dem Schneebesen zu einer dicklichen Creme schlagen. Dann unter weiterem Schlagen zuerst den Wein und schließlich die Schokolade dazulaufen lassen, bis eine luftig-cremige Sauce entstanden ist.

7 Jeweils etwas lauwarmes Schokoladen-Sabayon um die Vanilleflans herum verteilen, die gehackten Krokantnüsse darüberstreuen. Sofort servieren. Übriges Sabayon mit auf den Tisch stellen, damit sich jeder davon nachnehmen kann.

Deko-Tipp

Besonders attraktiv sehen die kleinen Flans aus, wenn sie noch mit weißen Schokoröllchen (einfach mit einem großen Messer von der Rückseite der Schokoladentafel abziehen) und einigen Zitronenmelisseblättchen garniert werden. Darüber noch ein Hauch Puderzucker – perfekt!

Fleisch-Menü für 6 Personen

Mit diesem traditionellen Menü auf ganz neue Art können Fleischliebhaber ihren Gaumen auf höchstem Niveau verwöhnen. Nach einem trockenen Sherry gibt es eine leichte und gleichzeitig raffiniert kombinierte Vorspeise: hauchdünne Entenbrustscheiben beträufelt mit einer fruchtig-aromatischen Apfelvinaigrette, die kaum Arbeit macht. Mit Nussbrot serviert – einfach ein Genuss! Es folgt ein harmonischer Dreiklang: sanft gegartes Roastbeef mit einem zartrosa Kern und weihnachtlicher Würze. Darauf fein abgestimmt außergewöhnliche Beilagen: Aromatische Rotweinschalotten und kräuterfrisches Petersilienpüree runden den Hauptgang farblich schön ab. Am Ende überraschen Sie Ihre Gäste mit einem luftig-leichten Pralinensoufflé, das auf der Zunge wie von selbst zergeht. Begeisterungsstürme werden Ihnen sicher sein.
Sagt Ihnen dieses Menü zu? Dann starten Sie gleich mit der Planung und organisieren Sie den Einkauf. Damit Sie das Menü am Festtag mit Familie und Freunden ohne Hektik genießen können, gibt es noch ein paar Planungstipps für die optimale Vor- und Zubereitung:

Für die Planung

Am Vortag

- Für die Vorspeise Apfelvinaigrette zubereiten und zugedeckt in den Kühlschrank stellen.
- Die Würzmischung zubereiten. Das Roastbeef mit der Würzmischung einreiben, in einen Gefrierbeutel geben und über Nacht kalt stellen.
- Für das Roastbeef die Rotweinschalotten zubereiten, zugedeckt kühl stellen.
- Für das Petersilienpüree die Petersiliencreme zubereiten, zugedeckt kühl stellen.
- Für das Pralinensoufflé die Schokocreme zubereiten. Die Förmchen mit Butter einfetten, mit Zucker ausstreuen. Die Schokocreme einfüllen und bis zum Gebrauch in den Kühlschrank stellen.

Am Festtag (2–3 Std. vor dem Finish)

- Den Backofen für das Roastbeef vorheizen.
- Das Fleisch aus der Marinade nehmen, in einem Bräter anbraten und im Backofen bei Niedrigtemperatur fertig garen.

Am Festtag (1 Stunde vor dem Finish)

- Für das Carpaccio den Rucola waschen und putzen. Den Parmesan fein hobeln.
- Die Kartoffeln waschen, schälen und kochen.
- 15 Min. vor dem Servieren die Vorspeise anrichten. Das Petersilienpüree zubereiten und warm stellen. Für das Dessert die Vanillesahne zubereiten.

Am Festtag – das Finish

- Die Rotweinschalotten erwärmen.
- Das Fleisch in Scheiben schneiden und dekorativ mit Rotweinschalotten und Petersilienpüree anrichten.
- Für das Dessert den Backofen vorheizen. Die Pralinen in die Schokocreme stecken. Die Soufflés nach dem Hauptgang im Backofen backen.

Entenbrust-Carpaccio

mit Apfelvinaigrette

ZUBEREITUNG 25 Min.
PRO PORTION 170 kcal

ZUTATEN für 6 Personen
2 mittelgroße Äpfel (z.B. Elstar)
1 EL Rohrzucker
200 ml Apfelsaft
1/2 Stange Zimt
2 Nelken
2 EL Weißweinessig
1 EL Olivenöl
1 TL Calvados (nach Belieben)
100 g Rucola (oder Schnittsalat)
150 g geräucherte Entenbrust
(in dünnen Scheiben; oder Bündner Fleisch)
frisch gemahlener schwarzer Pfeffer
40 g Parmesan

1 Die Äpfel waschen, schälen, vierteln und die Kerngehäuse entfernen. Die Apfelviertel in kleine Würfel schneiden.

2 Den Rohrzucker mit Apfelsaft, Zimtstange und Nelken in einen kleinen Topf geben, dann aufkochen und bei kleiner Hitze ca. 5 Min. köcheln lassen. Die Zimtstange und die Nelken entfernen.

3 Die Apfelwürfel dazugeben und in der Flüssigkeit 2 Min. ziehen lassen, dann herausnehmen und in einem Sieb abtropfen lassen. Die Flüssigkeit abkühlen lassen. Weißweinessig und Olivenöl mit dem Schneebesen unter den Apfelsud rühren. Die Apfelwürfel dazugeben und nach Belieben den Calvados unterrühren.

4 Den Rucola waschen, putzen und die groben Stiele entfernen. Den Rucola in einem Sieb gut abtropfen lassen, dann auf Salatteller verteilen.

5 Die Entenbrustscheiben auf dem Rucola dekorativ anrichten. Mit Pfeffer übermahlen. Mit der Apfelvinaigrette beträufeln. Den Parmesan mit dem Sparschäler in feine Scheibchen hobeln und über das Carpaccio streuen. Sofort servieren.

Variante mit Orangen-Vinaigrette

1 Bio-Orange heiß waschen und abtrocknen, 1 TL Schale abreiben und den Saft auspressen. Mit einem scharfen Messer die Schale von 2 Orangen abschälen, dabei die weiße Haut mit entfernen. Das Fruchtfleisch zwischen den Trennhäuten herausschneiden, dabei den Saft auffangen. 1 EL Rohrzucker mit Orangensaft und Orangenschale aufkochen und bei schwacher Hitze 1 Min köcheln lassen. 2 EL Nussöl (Haselnuss- oder Walnussöl) mit 1 TL Weißweinessig verrühren und unter den Orangensud schlagen, Mit Salz und Pfeffer würzen. Salat und Entenbrust anrichten. Mit Orangen-Vinaigrette beträufeln und mit Schnittlauchröllchen bestreuen.

Roastbeef mit Rotweinschalotten

und Petersilienpüree

ZUBEREITUNG 1 Std.
RUHEN 12 Std.
BRATEN 2 Std.
PRO PORTION 750 kcal

ZUTATEN für 6 Personen

Für das Roastbeef:
1,2 kg Roastbeef
1 Knoblauchzehe
je 1 TL schwarze und weiße Pfefferkörner
4 Nelken | 5 EL neutrales Öl
1 TL Kreuzkümmelsamen
2 Sternanis | 50 g Butter
Salz | frisch gemahlener Pfeffer

Für die Rotweinschalotten:
500 g Schalotten
2 EL neutrales Öl
1 EL Puderzucker
300 ml kräftiger Rotwein
1 TL Speisestärke
100 ml Portwein (oder Sherry)
1 EL Balsamico-Essig-Creme

Für das Püree:
4 Frühlingszwiebeln
2 Bund Petersilie
1 EL neutrales Öl
150 ml Gemüsebrühe (Instant)
1,2 kg mehligkochende Kartoffeln
Salz | 200 g Sahne (oder Milch)
frisch geriebene Muskatnuss

1 Das Fleisch von Häutchen, Fett und Sehnen befreien und trocken tupfen. Den Knoblauch schälen und fein hacken. Pfefferkörner und Nelken mit dem Messer oder im Mörser leicht zerdrücken. Mit 3 EL Öl, Knoblauch und Kreuzkümmelsamen verrühren. Das Fleisch mit der Würzmischung einreiben und mit Sternanis in einen großen Gefrierbeutel geben. Den Beutel gut verschließen und das Fleisch im Kühlschrank ca. 12 Std. (am besten über Nacht) marinieren.

2 Für die Rotweinschalotten die Schalotten schälen und halbieren. Das Öl in einer großen Pfanne erhitzen und die Schalotten darin 2 Min. andünsten. Mit Puderzucker bestreuen und die Schalotten unter Rühren leicht karamellisieren lassen. Mit Rotwein ablöschen und die Schalotten bei kleiner Hitze ca. 5 Min. köcheln lassen.

3 Die Speisestärke mit dem Portwein verrühren, zu den Rotweinschalotten geben und unter Rühren kurz aufkochen lassen. Den Essig unterrühren. Die Rotweinschalotten abkühlen lassen und bis zum Gebrauch zugedeckt kühl stellen.

4 Für das Püree die Frühlingszwiebeln putzen, waschen und mit dem zarten Grün in feine Ringe schneiden (den dunkelgrünen Teil anderweitig verwenden). Die Petersilie waschen, trocken schütteln, die Blätter abzupfen. Das Öl erhitzen, Frühlingszwiebeln und Petersilie darin kurz andünsten, mit Brühe ablöschen und bei mittlerer Hitze ca. 5 Min. ziehen lassen. Dann im Blitzhacker oder mit dem Pürierstab fein pürieren. Abkühlen lassen und zugedeckt bis zum Gebrauch kalt stellen.

5 Für das Roastbeef den Backofen auf 225° vorheizen. Das Fleisch aus der Marinade nehmen, die Gewürze entfernen und trocken tupfen. 2 EL Öl in einem Bräter erhitzen, das Fleisch darin rundum bei starker Hitze in 8–10 Min. anbraten. Den Backofen auf 80° schalten. Das Fleisch im Backofen (Mitte, keine Umluft) in ca. 2 Std. garen. Die Butter schmelzen lassen, das Fleisch damit zwischendurch bestreichen.

6 Die Kartoffeln waschen, schälen, halbieren und mit Salzwasser bedeckt in 20 Min. weich kochen. Die Kartoffeln durch die Presse drücken und mit dem Petersilienpüree verrühren. Die Sahne leicht erwärmen und unter das Püree rühren. Mit Salz und Muskat abschmecken.

7 Die Rotweinschalotten erwärmen. Das Roastbeef aus dem Bräter nehmen und zugedeckt ca. 5 Min. ruhen lassen. Dann in ca. 0,5 cm dicke Scheiben schneiden. Mit Salz und Pfeffer würzen. Den Bratensaft durch ein Sieb gießen und über das Fleisch träufeln. Das Roastbeef mit den Rotweinschalotten und dem Petersilienpüree anrichten. Sofort servieren.

Warmes Pralinensoufflé

mit Vanillesahne

ZUBEREITUNG 45 Min.
KÜHLEN 12 Std.
BACKEN 15 Min.
PRO PORTION 680 kcal

ZUTATEN für 6 Personen
Für die Schokocreme:
3 Eier
125 g feiner Zucker
100 g Zartbitterkuvertüre
80 g Butter
40 g Mehl
6 Trüffelpralinen (z. B. Himbeertrüffel)
Butter und Zucker für die Förmchen
Für die Vanillesahne:
250 g Sahne
1/2 Vanilleschote
2 EL Puderzucker
Außerdem:
6 hitzebeständige Förmchen (à 150 ml)

1 Für die Schokocreme die Eier mit dem Zucker in einer Rührschüssel mischen. Die Mischung mit den Schneebesen des Handrührgeräts (noch besser ist die Küchenmaschine) in ca. 10 Min. dickcremig schlagen.

2 Die Kuvertüre grob hacken, mit der Butter in eine Schüssel geben und über dem heißen Wasserbad schmelzen lassen. Die Schokobutter sofort zur Eiercreme geben, das Mehl daraufsieben und alles weitere 10 Min. rühren.

3 Die Förmchen mit Butter einfetten und mit Zucker ausstreuen. Die Schokomasse in die Förmchen füllen und zugedeckt mindestens 3 Std. (am besten über Nacht) in den Kühlschrank stellen.

4 Den Backofen auf 200° vorheizen. Die Förmchen aus dem Kühlschrank nehmen. In die Mitte von jedem Förmchen 1 Trüffelpraline drücken. Die Soufflés im Backofen (Mitte, Umluft 180°) 12–15 Min. backen.

5 Inzwischen für die Vanillesahne die Sahne steif schlagen. Die Vanilleschote längs aufschlitzen und das Mark mit einem kleinen Messer herauskratzen. Mit dem Puderzucker zur Sahne geben und die Sahne nochmals kurz aufschlagen.

6 Die Förmchen aus dem Backofen nehmen und leicht abkühlen lassen. Mit einem kleinen Messer am Förmchenrand entlangfahren und die Soufflés lösen. Jeweils auf einen Teller stürzen. Die Pralinensoufflés lauwarm servieren. Die Vanillesahne um die Soufflés gießen oder extra dazu reichen.

Servier-Tipp

Das Pralinensoufflé darf nicht ganz durchgebacken sein. Beim Anschneiden sollte die Schokolade leicht herausfließen. Für die Deko jeweils einen Sternanis oder einen Stern aus festem Papier auf das fertige Soufflée legen. Das Soufflée mit Puderzucker bestäuben, dann den Sternanis oder Papierstern entfernen.

Gänsebrust-Menü für 6 Personen

Ein dreigängiges Weihnachtsmenü mit klassischer Note, dabei wird der »Gänsebraten« einmal ganz anders interpretiert. Nach dem Aperitif, Aperol mit Prosecco, eröffnen Sie das Menü mit einer herb-süßen Vorspeise: leicht karamellisierte, frische Feigen, angerichtet mit gratiniertem Ziegenkäse, fruchtigem Orangenchutney und knusprigen Strudelteig-Chips als Hingucker.
Alle Aromen sind dabei harmonisch aufeinander abgestimmt. Danach das nächste Highlight: Glasierte Gänsebrust – auf einem Gemüsebett sanft im Backofen bei Niedrigtemperatur gegart. Und dazu? Zarte Rosenkohlblätter in Butter und Nüssen geschwenkt und Kartoffelknödel mit einer karamellisierten Marone als Füllung. Zum süßen Finale lockt ein zart-cremiger Schoko-Zimtstern mit Schokoboden und raffinierter Granatapfelsauce. Da sagt bestimmt keiner Nein.
Wenn Sie sich und Ihre Gäste mit diesem Menü verwöhnen möchten, dann haben Sie eine gute Wahl getroffen. Es gelingt leicht und lässt sich ohne großen Zeitaufwand zubereiten. Mit den folgenden praktischen Tipps für die optimale Vor- und Zubereitung bleibt Ihnen genügend Zeit zum gemeinsamen Genießen:

Für die Planung

Am Vortag
- Für das Dessert den Schoko-Zimtstern und die Granatapfelsauce zubereiten, beides zugedeckt kalt stellen.
- Das Orangenchutney für die Vorspeise zubereiten, zugedeckt in den Kühlschrank stellen.
- Für die Beilage den Rosenkohl putzen, blanchieren, in einer Kunststoffbox oder einem Gefrierbeutel kalt stellen.
- Für die Vorspeise die Strudelteig-Chips backen.

Am Festtag (ca. 2 Std. vor dem Finish)
- Die Marinade für die Gänsebrüste zubereiten.
- Das Suppengemüse vorbereiten und dünsten.
- Die Gänsebrüste anbraten und mit dem gedünsteten Suppengemüse im Ofen garen.
- Für die Maronenknödel die Kartoffeln kochen und den Kartoffelteig zubereiten. Mit den Maronen zu Knödeln formen und zugedeckt beiseitestellen.

Am Festtag – das Finish
- Die Gänsebrüste aus dem Ofen nehmen, auf Alufolie legen und warm halten.
- Den Bratenfond mit Gemüse durch ein Sieb passieren.
- Für die Vorspeise die Feigen vorbereiten. Den Ziegenkäse gratinieren, mit Feigen und Orangenchutney anrichten. Sofort servieren.
- Die Knödel in siedendem Salzwasser garen.
- Die Rosenkohlblätter in Butter und Nüssen schwenken.
- Für die Sauce den Bratenfond aufkochen lassen, Johannisbeerlikör oder Jostabeeren- oder Johannisbeergelee unterrühren.
- Die Gänsebrüste in Scheiben schneiden. Mit Sauce, Gemüse und Knödeln auf Tellern anrichten. Sofort heiß servieren.

Feigen mit gratiniertem Ziegenkäse

und Orangenchutney

ZUBEREITUNG 25 Min.
PRO PORTION 180 kcal

ZUTATEN für 6 Personen
Für das Orangenchutney:
2 Bio-Orangen
1 Schalotte
1 Zweig Thymian
2 EL Honig (z. B. Thymian- oder Waldhonig)
2 EL Weißweinessig
Für die Feigen mit Ziegenkäse:
6 frische Feigen
6 Scheiben Ziegenkäse
(z. B. Ziegencamembert ca. 150 g)
30 g Butter
1 EL Zucker

1 Für das Chutney die Orangen heiß waschen, abtrocknen und 1 TL Schale fein abreiben. Übrige Schale mit einem scharfen Messer von den Orangen schneiden, dabei die weiße Haut mit entfernen. Das Fruchtfleisch zwischen den Häutchen herausschneiden, klein würfeln.

2 Die Schalotte schälen und ebenfalls in kleine Würfel schneiden. Den Thymian waschen und trocken schütteln, die Blättchen abstreifen. Mit Orangenwürfeln und Orangenschale, Schalottenwürfeln, Honig und Essig in einen Topf geben und bei mittlerer Hitze ca. 5 Min. köcheln lassen. Dann abkühlen lassen.

3 Den Backofen auf 250° vorheizen. Die Feigen mit Küchenpapier vorsichtig abreiben und längs halbieren. Die Ziegenkäsescheiben in eine hitzebeständige Form geben. Im Backofen (oben, Umluft 220°) 2–3 Min. gratinieren. Inzwischen die Butter mit dem Zucker in einer Pfanne kurz aufschäumen lassen. Die Feigenhälften dazugeben und in der Butter schwenken.

4 Die Feigen mit dem gratinierten Ziegenkäse auf Vorspeisentellern anrichten. Etwas Orangenchutney auf den Ziegenkäse geben. Mit Strudelteig-Chips garnieren. Sofort servieren.

UND DAZU?

Strudelteig-Chips

2 Strudelteigblätter (aus dem Kühlregal) längs vierteln. 2 EL Butter schmelzen lassen. Jedes Viertel mit Butter bestreichen und mit Salz bestreuen. Die Viertel aufeinanderlegen, fest zusammendrücken, in unregelmäßige Dreiecke schneiden und auf ein mit Backpapier ausgelegtes Blech geben. Im vorgeheizten Backofen bei 200° (Mitte, Umluft 180°) in ca. 5 Min. goldbraun backen. Abkühlen lassen.

Glasierte Gänsebrust mit Rosenkohlblättchen

und Kartoffel-Maronen-Klößen

ZUBEREITUNG 1 Std. 15 Min.
BRATEN 1 Std. 30 Min.
PRO PORTION 1330 kcal

ZUTATEN für 6 Personen

Für die Marinade:
1 TL Szechuanpfeffer | 2 EL Sojasauce
1 EL Sherry | 2 EL Honig

Für die Gänsebrüste:
1 Bund Suppengemüse
3 EL neutrales Öl (oder Butterschmalz)
1 TL Tomatenmark
100 ml Geflügelfond (aus dem Glas)
2 ausgelöste Gänsebrüste (à ca. 750 g)
Salz | Pfeffer
1 EL Johannisbeerlikör (Cassis; oder Jostabeeren- oder Johannisbeergelee)

Für das Gemüse:
750 g Rosenkohl | Salz | 30 g Butter
40 g gehackte Haselnüsse (Fertigprodukt)

Für die Klöße:
1 kg mehligkochende Kartoffeln | 2 Eigelb
60 g Mehl | Salz | frisch geriebene Muskatnuss
200 g gekochte Maronen (vakuumverpackt)
2 EL Puderzucker

1 Für die Marinade den Szechuanpfeffer mit einem Messer oder im Mörser leicht zerdrücken. Mit Sojasauce, Sherry und Honig in einem kleinen Topf aufkochen und bei kleiner Hitze ca. 5 Min. köcheln lassen. Die Marinade abkühlen lassen.

2 Das Suppengemüse waschen, putzen und in kleine Würfel schneiden. 1 EL Öl in einer Pfanne erhitzen, das Gemüse darin 2 Min. andünsten. Das Tomatenmark dazugeben und kurz mitdünsten, dann mit dem Fond ablöschen und unterrühren.

3 Den Backofen auf 200° vorheizen. Die Gänsebrüste mit Salz und Pfeffer einreiben. 2 EL Öl in die Pfanne geben. Die Gänsebrüste mit der Hautseite nach unten in die kalte Pfanne legen und bei mittlerer Hitze 4–5 Min. braten, bis die Haut braun ist. Die Brüste wenden und von der anderen Seite kurz anbraten. Das Suppengemüse auf ein tiefes Backblech oder in eine Form geben. Die Gänsebrüste darauflegen und mit der Marinade einpinseln. Den Backofen auf 80° schalten. Das Fleisch im Backofen (Mitte) ca. 1 Std. 30 Min. braten. Zwischendurch mit der übrigen Marinade bestreichen.

4 Inzwischen den Rosenkohl waschen, putzen und die Blättchen einzeln ablösen. Die Rosenkohlblättchen in kochendem Salzwasser ca. 5 Min. blanchieren. Mit dem Schaumlöffel herausnehmen und eiskalt abschrecken.

5 Die Kartoffeln waschen und mit Salzwasser bedeckt in 30 Min. gar kochen. Ausdampfen lassen, heiß pellen und durch die Kartoffelpresse drücken. Eigelbe und Mehl untermischen, mit Salz und Muskat würzen. Die Maronen aus der Packung nehmen und voneinander lösen.

6 Den Puderzucker in einer Pfanne schmelzen lassen. Maronen darin kurz schwenken und abkühlen lassen. Aus dem Kartoffelteig 12 Klöße formen, etwas flach drücken, je 1 Marone als Füllung daraufgeben und wieder zu einem Kloß formen. In einem großen Topf Salzwasser aufkochen lassen. Die Klöße darin in ca. 10 Min. gar ziehen lassen. Herausnehmen und warm halten.

7 Inzwischen die Gänsebrüste aus dem Ofen nehmen, auf Alufolie legen und warm halten. Den Bratenfond mit dem Gemüse durch ein Sieb und in einen Topf passieren. Den Fond mit Johannisbeerlikör aufkochen lassen und bei kleiner Hitze warm halten.

8 Für das Gemüse die Butter in einer Pfanne schmelzen lassen, die Haselnüsse darin leicht rösten. Mit Salz würzen. Rosenkohlblättchen dazugeben und unter Rühren erwärmen.

9 Das Fleisch schräg in ca. 2 cm dicke Scheiben schneiden und auf eine Platte legen. Sauce angießen oder getrennt dazu reichen. Die Gänsebrüste mit Klößen und Rosenkohlgemüse servieren.

Schoko-Zimtstern

mit Granatapfelsauce

ZUBEREITUNG 40 Min.
KÜHLEN 13 Std.
PRO PORTION 680 kcal

ZUTATEN für 6 Personen
Für den Boden:
100 g Löffelbiskuits
100 g Zartbitterschokolade
40 g Butter
Für die Creme:
1/4 l Milch
2 Stangen Zimt
3 Nelken
6 Blatt weiße Gelatine
75 g Puderzucker
600 g Sahne
Für die Granatapfelsauce:
2 Granatäpfel
1/8 l Kirschsaft
1 TL Speisestärke
75 g Puderzucker
1 Päckchen Zimtzucker (Fertigprodukt)
Außerdem:
Sternform ohne Boden (ca. 16 cm Ø)

1 Für den Boden die Löffelbiskuits in einen Gefrierbeutel geben und mit dem Nudelholz zerbröseln. Die Schokolade in Stücke brechen, mit der Butter in eine Schüssel geben und über dem heißen Wasserbad schmelzen lassen. Die Biskuitbrösel dazugeben und gut mischen. Die Sternform auf eine mit Backpapier ausgelegte Platte stellen. Die Schokomasse als Boden in die Form drücken.

2 Für die Creme die Milch mit Zimtstangen und Nelken in einem Topf aufkochen und bei kleiner Hitze in ca. 5 Min. auf die Hälfte einkochen lassen. Die Gewürze entfernen. Die Gelatine in kaltem Wasser einweichen. Den Puderzucker und 400 g Sahne zur Gewürzmilch geben und bei kleiner Hitze 4–5 Min. köcheln lassen. Die Gelatine ausdrücken und in der Gewürzsahne auflösen. Die Gewürzsahne 1 Std. in den Kühlschrank stellen, bis sie zu gelieren beginnt.

3 Die übrige Sahne steif schlagen, die gelierende Gewürzsahne dazugeben und unterrühren. Die Masse in die Sternform füllen. Die Form mit Klarsichtfolie zudecken und mindestens 3 Std. (am besten über Nacht) in den Kühlschrank stellen.

4 Für die Sauce die Granatäpfel halbieren. 1 EL Kerne herauslösen, von den Häutchen befreien und beiseitestellen. Den Saft mit der Zitruspresse vorsichtig auspressen.

5 50 ml Kirschsaft mit der Speisestärke glatt rühren. Den übrigen Kirschsaft mit dem Puderzucker in einem Topf aufkochen lassen, die angerührte Speisestärke unter Rühren dazugeben, bis die Sauce etwas dicklich wird. Den Granatapfelsaft und die Kerne unterrühren. Die Sauce abkühlen lassen und zugedeckt in den Kühlschrank stellen.

6 Den Zimtstern herausnehmen. Mit einem Messer am Rand der Form entlangfahren und die Form vorsichtig entfernen. Den Zimtstern mit einer Palette auf eine Platte oder Etagere setzen. Die Granatapfelsauce und den Zimtzucker getrennt dazu reichen.

Variante Geeister Zimtstern

Den vorbereiteten Zimtstern in eine gefriergeeignete Box mit Deckel geben und über Nacht im Tiefkühlfach gefrieren lassen. Am nächsten Tag den Zimtstern 1 Std. vor dem Servieren aus der Sternform lösen, auf eine Platte legen und bis zum Servieren in den Kühlschrank stellen. Vor dem Servieren heißes Wasser und ein scharfes Messer bereitstellen. Den Zimtstern bei Tisch in Stücke schneiden und die Granatapfelsauce dazu servieren.

Geschenke aus der Küche

Festtagsgrüße home-made

Was gibt es Schöneres, als eine Überraschung, die von Herzen kommt? Ein kleines Geschenk, das mit Liebe gemacht und verpackt wurde? Etwas, das eine **persönliche Handschrift** trägt? Dosenstollen, Orangenmarmelade mit Likör, gebeizter Lachs im Glas, Feigensenf… Suchen Sie sich aus einer **riesengroßen Kollektion** selbst gemachter Köstlichkeiten die passende aus und erfreuen Sie damit Familie, Freunde und Bekannte. Die Beschenkten werden hingerissen sein!

Gänserillettes mit Orange und rosa Pfeffer

Brotaufstrich auf französische Art

ZUBEREITUNG 1 Std.
GAREN 4 Std.
PRO GLAS 1580 kcal

ZUTATEN für 6 Gläser (à 200 ml Inhalt)
4 Gänsekeulen (à 400–450 g)
Salz | frisch gemahlener weißer Pfeffer
1 EL Zucker | 5 Knoblauchzehen
4 Zweige Thymian
2 Zweige Rosmarin
375 g Gänseschmalz
150 g Schweineschmalz
12 kleine Lorbeerblätter (am besten frische)
1 Bio-Orange | 4 EL rosa Pfefferkörner

1 Die Gänsekeulen waschen, mit Küchenpapier trocken tupfen und mit Salz, Pfeffer und Zucker einreiben. Nacheinander in einem großen, weiten Topf bei starker Hitze in 1–2 Min. hell anbraten. Dann alle Keulen in den Topf legen, knapp mit heißem Wasser bedecken und aufkochen lassen. Die Keulen halb zugedeckt bei kleiner Hitze in ca. 4 Std. sanft garen, bis sich das Fleisch fast von den Knochen löst.

2 Keulen herausnehmen und abkühlen lassen, den Sud wegschütten. Inzwischen den Knoblauch schälen und leicht andrücken. Thymian und Rosmarin waschen und trocken schütteln. Gänse- und Schweineschmalz in den Topf geben und bei kleiner bis mittlerer Hitze schmelzen lassen. Knoblauch, Thymian, Rosmarin und Lorbeerblätter dazugeben und ca. 15 Min. darin ziehen lassen (gerne auch länger).

3 Inzwischen die Orange heiß waschen und abtrocknen, die Schale fein abreiben und den Saft auspressen. Rosa Pfefferkörner im Mörser grob zerstoßen. Die Keulen häuten, das Fleisch von den Knochen lösen und fein zerpflücken. Längere Fleischfasern kleiner schneiden.

4 Den Schmalztopf vom Herd nehmen. Knoblauch, Thymian, Rosmarin und Lorbeerblätter mit einem Schaumlöffel entfernen, die Lorbeerblätter nicht wegwerfen. Gänsefleisch mit rosa Pfeffer, Orangensaft und -schale vermischen und unter das Schmalz rühren. Mit Salz abschmecken.

5 Die Rillettes kurz abkühlen lassen. Dann in saubere Gläser (am besten Twist-off- oder Bügelgläser) füllen. Mit einem Holzstäbchen vorsichtig durchrühren, damit sich Fleisch und Fett gleichmäßig verteilen. Jeweils 2 Lorbeerblätter darauflegen, die Gläser verschließen und die Rillettes im Kühlschrank fest werden lassen. Schmeckt auf Baguette- und Bauernbrotscheiben. Hält sich im Kühlschrank mindestens 4 Wochen.

Deko-Tipp

So bekommen die Rillettes einen kräftigen Farbtupfer: 1 Bio-Orange heiß waschen, abtrocknen und mit einem Zestenreißer ganz dünne Schalenstreifen abziehen. Nach dem Einfüllen mit den Lorbeerblättern auf den Rillettes verteilen und leicht eindrücken.

Griebenschmalz mit Apfel und grünem Pfeffer

mit feinscharfem Extrakick

ZUBEREITUNG 1 Std. 10 Min.
PRO GLAS 1830 kcal

ZUTATEN für 3 Gläser (à 200 ml Inhalt)
600 g roher fetter Speck (ohne Schwarte)
1 Zwiebel
1 säuerlicher Apfel (z. B. Boskop)
2 große Rispen frischer grüner Pfeffer
(oder 3 EL eingelegte grüne Pfefferkörner)
3 EL Noilly Prat (oder Apfelsaft) | Salz

1 Den Speck in 0,5–1 cm große Würfel schneiden und in einen weiten Topf geben, dann bei mittlerer Hitze in ca. 10 Min. auslassen, bis die Grieben leicht goldbraun sind, dabei gelegentlich umrühren.

2 Inzwischen die Zwiebel schälen und klein würfeln. Apfel vierteln, schälen, entkernen und ebenfalls in kleine Würfel schneiden. Den Pfeffer waschen und trocken schütteln, die Körner abstreifen und hacken.

3 Den Apfel zu den goldbraunen Grieben geben und in ca. 5 Min. braun anbraten. Die Zwiebel dazugeben und in 10–15 Min. goldbraun werden lassen, dabei immer wieder rühren. Alles in ein Sieb gießen, das Fett auffangen und kurz abkühlen lassen. Zwiebel und Apfel mit Pfeffer und Noilly Prat vermischen und in saubere Gläser (am besten Twist-off- oder Bügelgläser) füllen.

4 Das Schmalz mit Salz würzen und in die Gläser füllen. Die Gläser verschließen und auf den Kopf stellen. Sobald das Schmalz beginnt fest zu werden, die Gläser wieder umdrehen und das Schmalz im Kühlschrank fest werden lassen. Schmeckt auf Baguette- und Bauernbrotscheiben, nach Belieben geröstet. Hält sich im Kühlschrank mindestens 3 Monate.

Entenleber-Paté mit Pinienkernen und Calvados

Widerstand zwecklos!

ZUBEREITUNG 45 Min.
PRO TOPF 890 kcal

ZUTATEN für 3 Keramiktöpfe (à 200 ml Inhalt)
50 g Pinienkerne
5 Zweige Thymian
500 g Entenlebern | 1 Zwiebel
150 g weiche Butter
50 ml Calvados (oder Birnensaft)
Salz | frisch gemahlener weißer Pfeffer
100 g Crème double

1 Die Pinienkerne in einer Pfanne ohne Fett goldbraun rösten, herausnehmen und grob hacken. Den Thymian waschen und trocken schütteln. Die Entenlebern waschen, trocken tupfen und von den Häuten und Sehnen befreien. Die Lebern in grobe Stücke schneiden. Die Zwiebel schälen und fein würfeln.

2 2 EL Butter in einer Pfanne schmelzen lassen, Zwiebel und Thymian darin kurz andünsten. Lebern dazugeben und bei starker Hitze 3–4 Min. braten, bis sie innen nicht mehr rosa sind. Mit Calvados ablöschen, salzen und pfeffern.

3 Den Thymian entfernen. Die Lebern im Blitzhacker fein pürieren. Übrige Butter und Crème double untermixen. Die Hälfte der Pinienkerne untermischen, die Paté salzen und pfeffern.

4 Die Paté in saubere Keramiktöpfe füllen, glatt streichen und mit den übrigen Pinienkernen bestreuen. Gut verschließen und im Kühlschrank fest werden lassen. Schmeckt auf Baguette- und Bauernbrotscheiben. Hält sich im Kühlschrank bis zu 1 Woche.

Feines Extra – zarter Geleespiegel

1 Blatt weiße Gelatine in kaltem Wasser einweichen. 150 ml Entenfond (aus dem Glas) mit 1 EL Zucker aufkochen und bei starker Hitze in 5–6 Min. einkochen lassen, beiseitestellen. Gelatine darin auflösen, mit Salz und 1–2 EL Calvados (oder Birnensaft) abschmecken. Etwas abkühlen lassen, dann als dünnen Spiegel auf der Paté verteilen und fest werden lassen.

links Griebenschmalz mit Apfel und grünem Pfeffer
rechts Entenleber-Paté mit Pinienkernen und Calvados

Wildpastete mit Aprikosen

fein und edel

ZUBEREITUNG 2 Std. 15 Min.
BACKEN 55 Min.
KÜHLEN 12 Std.
PRO SCHEIBE 375 kcal

ZUTATEN für 1 Kasten- oder Pastetenform (ca. 1 1/2–2 l Inhalt; ca. 18 Scheiben)

Für die Füllung:
2 Zwiebeln | 200 ml Portwein (oder Birnensaft)
150 g getrocknete Aprikosen | Salz
frisch gemahlener schwarzer Pfeffer
1 kg Hirsch- oder Rehfleisch (aus der Schulter, sehr gut gekühlt!)
250 g roher fetter Speck (sehr gut gekühlt!)
1 Bio-Orange | 2 Zweige Thymian
5 Nelken | 5 Wacholderbeeren
1 TL Korianderkörner
1/4 TL frisch geriebene Muskatnuss
1/2 TL Zimtpulver
2 kalte Eier | 50 g Pistazienkerne
2 Blatt weiße Gelatine
200 ml Wildfond (aus dem Glas)

Für den Teig:
350 g Mehl | 200 g kalte Butter | 1 Eigelb | 1 TL Salz

Außerdem:
Mehl für die Arbeitsfläche
1 Eigelb zum Bestreichen

1 Für die Füllung Zwiebeln schälen, klein würfeln und mit 150 ml Portwein erhitzen. Aprikosen dazugeben, salzen, pfeffern und zugedeckt ziehen lassen.

2 Das Fleisch von den Sehnen und Häuten befreien. Fleisch und Speck klein würfeln. Orange heiß waschen und abtrocknen, die Schale fein abreiben und den Saft auspressen. Thymian waschen und trocken schütteln, die Blättchen abstreifen. Alles mischen und mit Pfeffer würzen. Zugedeckt in den Kühlschrank stellen.

3 Die Form mit Backpapier auslegen. Mehl mit Butter in Flöckchen, Eigelb, Salz und 2–3 EL Wasser auf eine Arbeitsfläche häufen. Alles fein hacken und rasch verkneten. Den Teig auf einer bemehlten Arbeitsfläche ca. 0,5 cm dick ausrollen, in die Form geben, rundum einen ca. 1 cm breiten Rand überstehen lassen, den Rest abschneiden. Teigrest ausrollen, einen Teigdeckel in Größe der Form zuschneiden und mit etwas Abstand drei Löcher (ca. 1,5 cm Ø) ausstechen, damit beim Backen der Dampf entweichen kann. In den Kühlschrank stellen.

4 Backofen auf 220° vorheizen. Die Fleischmischung in 3–4 Portionen in der Küchenmaschine mit Schneideaufsatz rasch fein zerkleinern und jeweils sofort (!) wieder kalt stellen.

5 Nelken, Wacholderbeeren und Korianderkörner im Mörser fein zerstoßen und mit Muskat und Zimtpulver mischen. Aprikosen aus dem Portwein nehmen. Die Fleischmasse mit Gewürzen, Eiern und Zwiebeln samt Portwein (von den Aprikosen) mischen. Pistazienkerne untermengen, die Masse salzen, pfeffern und kalt stellen.

6 Die Hälfte der Fleischmasse mit einem Esslöffel in die Form streichen, dabei gut in die Ecken drücken. Die Aprikosen längs in der Mitte eindrücken. Übrige Masse darauf verteilen und glatt streichen. Die Teigränder über die Masse schlagen und mit Eigelb bestreichen. Teigdeckel auflegen, mit übrigem Eigelb bestreichen.

7 Im Backofen (Mitte, Umluft 200°) ca. 15 Min. backen, dann die Pastete bei 180° (Umluft 160°) in 35–40 Min. fertig backen. Herausnehmen und ganz abkühlen lassen.

8 Gelatine in kaltem Wasser einweichen. Übrigen Portwein und Fond erhitzen, die Gelatine darin auflösen und langsam durch die Öffnungen in die Pastete gießen (als Einfüllhilfe eventuell aus Alufolie kleine Trichter formen). Zugedeckt kalt stellen und das Gelee in 12 Std. (am besten über Nacht) fest werden lassen. Pastete aus der Form lösen und in Scheiben schneiden. Passt aufs Büfett oder zur Brotzeit, sie schmeckt mit Blattsalaten, Baguette, Bauernbrot und Röstkartoffeln.

Würzige Kaninchenterrine

Scheibe für Scheibe ein Hochgenuss

ZUBEREITUNG 1 Std. 40 Min.
GAREN 1 Std. 30 Min.
KÜHLEN 12 Std.
PRO SCHEIBE 400 kcal

ZUTATEN für 1 Terrinenform
(ca. 1 1/2 l Inhalt; ca. 16 Scheiben)
1 küchenfertiges Kaninchen (ca. 1 1/2 kg, gut gekühlt!)
200 g durchwachsener Räucherspeck (gut gekühlt!)
250 g roher fetter Speck (in möglichst großen und dünnen Scheiben, sehr gut gekühlt!)
1 EL weiße Pfefferkörner | 5 Wacholderbeeren
2 TL getrockneter Oregano | Fleur de sel (oder normales Salz) | 100 ml trockener Sherry oder Noilly Prat (oder Birnensaft) | 2 Schalotten | 2 Knoblauchzehen
1 Bund glatte Petersilie | 1 Scheibe Toastbrot
2 EL Butter | 80 g Parmaschinken (in großen und dünnen Scheiben) | 2 kalte Eier | 125 g kalte Crème double
frisch geriebene Muskatnuss
frisch gemahlener weißer Pfeffer
5 Lorbeerblätter (möglichst frische)

1 Das Kaninchen waschen und trocken tupfen, das Fleisch von den Knochen schneiden, klein würfeln und kalt stellen. Räucherspeck und 150 g fetten Speck klein würfeln, kalt stellen. Pfefferkörner, Wacholderbeeren, Oregano und 2 TL Fleur de sel im Mörser fein zerstoßen. Kaninchenfleisch, Speckwürfel, zerstoßene Gewürze und Sherry oder Noilly Prat in einer Schüssel vermischen und in den Kühlschrank stellen.

2 Schalotten und Knoblauch schälen. Schalotten fein würfeln, Knoblauch dazupressen. Petersilie waschen und trocken schütteln, die Blätter fein hacken. Toast entrinden und fein zerbröseln. Butter in einer Pfanne schmelzen lassen, alles darin bei starker Hitze ca. 1 Min. andünsten. In eine Schüssel füllen und kalt stellen.

3 Die Terrinenform mit übrigen Speckscheiben und den Schinkenscheiben auskleiden, dabei die Scheiben 4–5 cm weit über den Rand der Form hängen lassen, kalt stellen. Backofen auf 160° vorheizen.

4 Die marinierte Fleischmischung in 3–4 Portionen in der Küchenmaschine mit Schneideaufsatz rasch fein zerkleinern und jeweils sofort (!) wieder kalt stellen. Dann Eier, Crème double und die Kräutermischung unter die Masse mengen. Mit Fleur de sel, Muskat und gemahlenem Pfeffer würzen. In die Form füllen, glatt streichen und Lorbeerblätter auflegen. Überhängenden Speck und Schinken darüberschlagen.

5 Die Terrinenform in einen Bräter stellen, den Deckel auflegen und so viel kochend heißes Wasser in den Bräter füllen, dass die Form zur Hälfte darin steht. Im Ofen (Mitte, Umluft 140°) in ca. 1 Std. 30 Min. garen.

6 Die Terrine herausnehmen, in der Form auskühlen lassen. Zugedeckt 12 Std. (am besten über Nacht) in den Kühlschrank stellen. Die Terrine aus der Form lösen und in Scheiben schneiden. Passt aufs Büfett oder zur Brotzeit, sie schmeckt mit Blattsalaten, Baguette, Bauernbrot oder Röstkartoffeln.

Gebeizter Lachs im Glas

Klassiker in neuer Verpackung

ZUBEREITUNG 30 Min.
BEIZEN 1 Tag
PRO GLAS 530 kcal

ZUTATEN für 2 weite Gläser (à 1/4 l Inhalt)
1 große Bio-Zitrone
1 großes Bund Dill
2 EL Fenchelsamen
2 EL Zucker | 6 EL Wodka (oder Orangensaft)
400 g ganz frisches Lachsfilet (ein möglichst dickes Stück, ohne Haut) | feines Meersalz
frisch gemahlener Pfeffer (schwarze und weiße Körner)

1 Die Zitrone heiß waschen und abtrocknen, die beiden Enden 3–4 cm dick abschneiden (sie sollten exakt durch die Öffnungen der Gläser passen). Von der restlichen Zitrone die Schale fein abreiben und den Saft auspressen. Den Dill waschen und trocken schütteln, die Spitzen fein schneiden. Fenchelsamen im Mörser grob zerstoßen, mit Dill, Zitronenschale und Zucker mischen. Zitronensaft und Wodka verrühren.

2 Den Lachs eventuell von den Gräten befreien und mit einem scharfen Messer in sehr dünne Scheiben schneiden. Die Lachsscheiben in saubere Gläser (am besten Twist-off- oder Bügelgläser) schichten, dabei jede Lage mit der Dillmischung bestreuen, mit Zitronenwodka beträufeln und mit Salz und Pfeffer würzen.

3 Jeweils 1 Zitronenende mit der Schnittfläche nach unten auf den Lachs legen, sodass er beim Schließen der Gläser leicht zusammengepresst wird. Die Gläser verschließen, den Lachs im Kühlschrank 1 Tag beizen. Schmeckt mit Baguette oder Knäckebrot und Senfsauce. Hält sich im Kühlschrank bis zu 1 Woche.

UND DAZU?

Senfsauce mit Dill

3 große Stängel Dill waschen und trocken schütteln, die Spitzen fein schneiden. Mit 150 g Dijon-Senf mit Honig, 1 EL Weißweinessig und 3–4 EL frisch gepresstem Orangensaft verrühren, salzen und pfeffern. In 2 Twist-off-Gläschen (à 100 ml Inhalt) füllen, verschließen und mit Geschenkband an den Lachsgläsern befestigen.

Fruchtig eingelegte Garnelen

für Liebhaber der Asia-Küche

ZUBEREITUNG 40 Min.
MARINIEREN 12 Std.
ZIEHEN 3 Tage
PRO GLAS 690 kcal

ZUTATEN für 2 Gläser (à 350 ml Inhalt)
4 große Bio-Limetten
1 Stück frischer Ingwer (ca. 5 cm)
2 große Knoblauchzehen
2 rote Chilischoten
4 kleine Schalotten
7 große Kaffir-Limettenblätter
500 g rohe Riesengarnelen (ohne Kopf und Schale, entdarmt)
1 feste Mango
ca. 200 ml Öl (z. B. Senföl, Erdnuss- oder Sonnenblumenöl mit 2–3 EL Chiliöl gemischt)
Salz

1 Limetten heiß waschen und abtrocknen, 2 TL Schale fein abreiben und den Saft auspressen. Ingwer und Knoblauch schälen und fein hacken. Die Chilis waschen, putzen und in feine Ringe schneiden. Die Schalotten schälen und in feine Ringe schneiden. Kaffir-Limettenblätter waschen und in hauchfeine Streifen schneiden.

2 Die Garnelen waschen, trocken tupfen und mit den vorbereiteten Zutaten vermengen. Zugedeckt 12 Std. (am besten über Nacht) im Kühlschrank ziehen lassen.

3 Am nächsten Tag Mango schälen. Das Fruchtfleisch vom Kern schneiden und ca. 1 cm groß würfeln. 2 EL Öl in einer großen Pfanne erhitzen. Die Garnelenmischung darin bei starker Hitze unter Rühren ca. 2 Min. braten, bis die Garnelen gar sind, sofort vom Herd nehmen. Mit Salz würzen, die Mango untermischen.

4 Die Garnelen-Mango-Mischung in saubere Gläser (am besten Twist-off- oder Bügelgläser) füllen. Mit dem übrigen Öl bedecken, verschließen und 2–3 Tage ziehen lassen. Schmeckt mit Baguette, gebratenem Reis mit Gemüse oder passt auf einen Salatteller. Halten sich im Kühlschrank bis zu 2 Wochen.

im Bild oben Gebeizter Lachs im Glas ◆ *im Bild unten* Fruchtig eingelegte Garnelen

Bunter Olivenmix

gut und einfach

ZUBEREITUNG 25 Min.
ZIEHEN 1 Woche
PRO GLAS 610 kcal

ZUTATEN für 3 Gläser (à 1/2 l Inhalt)
100 g getrocknete Tomaten
6 Knoblauchzehen | ca. 1/2 l Olivenöl
je 3 EL getrockneter Thymian und Rosmarin
6 getrocknete Chilischoten | 1 große Bio-Zitrone
700 g aromatische schwarze und grüne Oliven
Fleur de sel (oder normales Salz)
frisch gemahlener Pfeffer | 2 TL Zucker

1 Die Tomaten mit heißem Wasser übergießen und ca. 15 Min. ziehen lassen, bis sie weich sind. Inzwischen den Knoblauch schälen und durch die Presse in eine große Pfanne drücken. 4 EL Öl, Thymian, Rosmarin und Chilis unterrühren und erwärmen. Die Zitrone heiß waschen und abtrocknen, die Schale fein dazureiben, den Saft auspressen und dazugeben. Alles bei kleiner Hitze kurz ziehen lassen.

2 Die Tomaten in ein Sieb gießen, trocken tupfen und in Streifen schneiden. Mit Oliven unter die Knoblauchmischung rühren. Mit Fleur de sel, Pfeffer und Zucker würzen. Den Mix in saubere Gläser (am besten Twist-off- oder Bügelgläser) füllen. Mit dem restlichen Olivenöl bedecken, verschließen und mindestens 1 Woche ziehen lassen. Schmeckt zur Brotzeit, mit Pasta, Salat sowie Wein und Käse. Hält sich an einem kühlen Ort mindestens 4 Wochen.

Feigensenf

scharf und fruchtig

ZUBEREITUNG 30 Min.
EINWEICHEN 6 Std.
PRO GLAS 345 kcal

ZUTATEN für 3 Gläser (à 150 ml Inhalt)
200 g getrocknete Feigen
1/4 l naturtrüber Apfelsaft
3 EL helle Senfkörner
1 Stück frischer Ingwer (4–5 cm)
1 TL Gelfix 2 : 1 | 2 EL Zucker
50 ml weißer Aceto balsamico
6 EL scharfes englisches Senfpulver
(z. B. von Coleman's, gibt es im gut sortierten Supermarkt oder übers Internet)
50 g Dijon-Senf | Salz
frisch gemahlener weißer Pfeffer

1 Die Feigen vom harten Stiel befreien und in kleine Würfel schneiden. In einen kleinen, hohen Topf geben, mit Apfelsaft begießen und zugedeckt 5–6 Std. einweichen. Senfkörner mit heißem Wasser bedecken und ebenfalls bis zum Gebrauch einweichen.

2 Dann die Senfkörner in einem Sieb abtropfen lassen. Die Feigen im Topf mit dem Pürierstab feinstückig pürieren. Ingwer schälen und fein reiben.

3 Das Gelfix mit dem Zucker mischen und mit Essig, Ingwer, Senfpulver, Dijon-Senf und Senfkörnern unter die Feigenmasse rühren. Mit Salz und Pfeffer würzen.

4 Die Feigenmasse bei starker Hitze unter Rühren aufkochen, dann ca. 3 Min. kochen lassen (Vorsicht, es spritzt leicht!). Sofort in saubere Gläser (am besten Twist-off- oder Bügelgläser) füllen und verschließen. Passt zu Käse, kaltem Braten, Weißwürsten und Raclette. Hält sich im Kühlschrank mindestens 6 Monate.

Austausch-Tipp

Auch sehr fein: 50 ml Apfelsaft durch Sherry, Weißwein oder weißen Portwein ersetzen und/oder statt der Feigen getrocknete Aprikosen nehmen.

im Bild links Feigensenf ◆ *im Bild rechts* Bunter Olivenmix

Exotische Senffrüchte

süßsauer und scharf

ZUBEREITUNG 1 Std. 20 Min.
ZIEHEN 16 Tage
PRO GLAS 840 kcal

ZUTATEN für 3 Gläser (à 1/4 l Inhalt)
250 g kleine Kumquats | 250 g Litschis
1 große Karambole
2 TL Salz | 500 g Zucker
1 TL Traubenzucker | 2 EL helle Senfkörner
100 ml trockener Weißwein
80 ml Weißweinessig
3 rote Chilischoten

1 Die Kumquats waschen und mit einer Kartoffelgabel oder Nadel mehrmals einstechen. Die Litschis schälen und vom Stein befreien. Die Karambole waschen und quer in ca. 1 cm dicke Scheiben schneiden.

2 In einem weiten Topf 1 l Wasser mit dem Salz aufkochen lassen. Kumquats dazugeben und ca. 10 Min. bei mittlerer Hitze kochen lassen. Die Karambole dazugeben und 2 Min. mitkochen. Den Topf vom Herd nehmen, die Litschis untermischen und 1 Min. ziehen lassen. Die Früchte in einem Sieb abtropfen lassen.

3 Inzwischen 400 g Zucker mit Traubenzucker und 100 ml Wasser in einem Topf verrühren, aufkochen und bei starker Hitze 3–4 Min. kochen lassen, bis sich der Zucker gelöst hat. Die Früchte unter den Sirup mischen und zugedeckt 1 Tag ziehen lassen.

4 Danach die Früchte in einem Sieb abtropfen lassen, den Sirup auffangen und wieder in den Topf gießen, den übrigen Zucker untermischen. Den Sirup aufkochen und unter Rühren bei starker Hitze 5 Min. kochen lassen. Die Früchte gut untermischen und zugedeckt 1 Tag ziehen lassen.

5 Die Früchte erneut im Sieb abtropfen lassen, den Sirup auffangen und 1/2 l abmessen. Senfkörner im Mörser anstoßen. Mit Sirup, Wein und Essig in einem Topf aufkochen und bei starker Hitze unter Rühren ca. 15 Min. kochen lassen.

6 Zwischendurch die Chilis waschen und längs bis zum Stiel einschneiden. Mit den Sirupfrüchten in saubere Gläser (am besten Twist-off- oder Bügelgläser) füllen.

7 Die Früchte mit dem heißen Sirup bedecken, dabei darauf achten, dass die Senfkörner gleichmäßig verteilt sind. Die Gläser verschließen und die Früchte mindestens 2 Wochen ziehen lassen. Passen zu gekochtem Fleisch, Wild und Geflügel, aber auch zu Käse. Halten sich im Kühlschrank mindestens 6 Monate.

Aroma-Tipp

Wer möchte, kann den Senffrüchten einen zusätzlichen Aroma-Kick verleihen. Einfach 1 Stück frischen Ingwer (ca. 6 cm) schälen, in sehr feine Streifen oder hauchdünne Scheiben schneiden und mit den Senfkörnern zum Sirup geben und mitkochen.

Mixed Pickles mit Mini-Gemüse

Klassiker im Kleinformat

ZUBEREITUNG 1 Std.
ZIEHEN 5 Tage
PRO GLAS 275 kcal

ZUTATEN für 4 hohe Gläser (à 400 ml Inhalt)
200 g Perlzwiebeln (oder kleine Schalotten)
1 Knolle Knoblauch
je 150 g Mini-Möhren, Mini-Maiskolben, Mini-Fenchel und Mini-Paprikaschoten
4 Stängel Dill
Salz
4 Lorbeerblätter
4 EL helle Senfkörner
8 EL Pimentkörner
2 EL Pfefferkörner
1 EL Korianderkörner
1 EL Nelken
600 ml weißer Aceto balsamico (oder Weißweinessig)
400 ml Gemüsefond (aus dem Glas)
80 g Zucker

1 Perlzwiebeln und Knoblauch mit lauwarmem Wasser bedecken und kurz einweichen. Inzwischen Möhren unter fließendem Wasser gründlich bürsten. Mais und Fenchel waschen und putzen, Fenchel auf Glashöhe zuschneiden. Die Paprikaschoten oben quer einschneiden, den Deckel leicht anheben, putzen und waschen. Den Dill waschen und trocken schütteln. Zwiebeln und Knoblauch schälen.

2 Salzwasser in einem großen, weiten Topf aufkochen lassen. Das Gemüse darin in 5–6 Min. vorgaren, in ein Sieb gießen, in eiskaltem Wasser abschrecken und im Sieb abtropfen lassen. Das Gemüse mit Dill, Lorbeerblättern, Senfkörnern, Piment, Pfeffer, Koriander und Nelken in saubere Gläser (am besten Twist-off- oder Bügelgläser) füllen.

3 Für die Marinade Essig, Fond und Zucker in einem Topf erhitzen und kochen lassen, bis sich der Zucker gelöst hat. Dann mit Salz abschmecken. Das Gemüse sofort mit der Marinade bedecken. Die Gläser verschließen und die Mixed Pickles mindestens 5 Tage ziehen lassen. Passen zu Raclette und Gegrilltem, zur Brotzeit, zum Picknick und aufs Büfett. Halten sich im Kühlschrank mindestens 3 Monate.

Weißweinschalotten

gelingen und schmecken immer

ZUBEREITUNG 1 Std.
ZIEHEN 5 Tage
PRO GLAS 340 kcal

ZUTATEN für 3 Gläser (à 1/4 l Inhalt)
650 g kleine Schalotten
6 Zweige Rosmarin
2 EL Olivenöl
80 g Zucker
150 ml weißer Aceto balsamico
450 ml kräftiger Weißwein
150 ml Gemüsefond (aus dem Glas)
Salz | frisch gemahlener weißer Pfeffer

1 Die Schalotten in einer Schüssel mit warmem Wasser bedecken und kurz einweichen. Inzwischen den Rosmarin waschen und trocken schütteln, die Zweige halbieren oder dritteln.

2 Die Schalotten in einem Sieb abtropfen lassen und schälen, etwas größere Zwiebeln eventuell halbieren. Das Öl in einer großen Pfanne erhitzen, Schalotten und Rosmarin darin bei starker Hitze unter Rühren kurz anbraten. Mit Zucker bestreuen und unter Rühren nicht zu dunkel karamellisieren lassen.

3 Mit dem Essig ablöschen und den Essig in 3–4 Min. einkochen lassen. Weißwein und Fond dazugießen und alles bei mittlerer Hitze ca. 10 Min. kochen lassen, dabei gelegentlich umrühren.

4 Die Weißweinschalotten mit Salz und Pfeffer würzen. Mit den Rosmarinzweigen und dem Weinsud in saubere Gläser (am besten Twist-off- oder Bügelgläser) füllen, sodass die Schalotten mit Sud bedeckt sind. Die Gläser verschließen und die Schalotten mindestens 5 Tage ziehen lassen. Passen zu Raclette und Gegrilltem, zur Brotzeit, zum Picknick und aufs Büfett. Halten sich im Kühlschrank mindestens 3 Monate.

Bild oben rechts Weißweinschalotten ◆ *Bild unten links* Mixed Pickles mit Mini-Gemüse

Espressokuchen im Glas

Feines zum Kaffee

ZUBEREITUNG 25 Min.
BACKEN 40 Min.
PRO GLAS 1000 kcal

ZUTATEN für 3 Einweckgläser (à 1/4 l Inhalt)
100 g Blockschokolade
60 ml frisch gekochter Espresso
100 g Butter | 3 Eier
30 g Zucker | 75 g Puderzucker
100 g gemahlene Mandeln
100 g Mehl
9 Amarenakirschen (aus dem Glas)
Öl für die Gläser

1 Die sauberen Einweckgläser dünn mit Öl einpinseln. Den Backofen auf 160° vorheizen. Die Gummiringe in heißes Wasser legen.

2 Die Schokolade in Stücke brechen. Mit dem Espresso in einen Topf geben und bei mittlerer Hitze schmelzen lassen. Die Butter in kleinen Stücken dazugeben und ebenfalls schmelzen lassen. Die Eier trennen. Die Eiweiße steif schlagen, den Zucker unter Rühren einrieseln lassen. Eigelbe und Puderzucker mit den Schneebesen des Handrührgeräts cremig rühren, die Schokoladenmasse unterrühren. Mandeln und Mehl mischen. Die Mehlmischung auf den Eischnee geben und locker unter die Schokoladencreme heben.

3 Die Gläser jeweils zur Hälfte mit Teig füllen. Die Amarenakirschen halbieren und je 6 Hälften auf den Teig geben. Den restlichen Teig daraufgeben und glatt streichen. Dabei darauf achten, dass der Rand sauber bleibt. Die Gläser auf den Rost im Backofen (Mitte, Umluft 140°) stellen. Den Kuchen ca. 40 Min. backen.

4 Die Gläser aus dem Backofen nehmen und heiß verschließen. Dafür die Gummiringe auf die Innenseite des Glasdeckels legen. Den Deckel auflegen und mit drei oder vier Klammern verschließen. Die Gläser bis zum Gebrauch kühl stellen.

Tipp zum Verschenken

Jedes Glas in Geschenkfolie verpacken. Dann mit einem Geschenkband verschließen und ein kleines Tütchen mit Espressobohnen an das Band hängen.

Dosenstollen

einfach zuzubereiten

ZUBEREITUNG 25 Min.
BACKEN 40 Min.
RUHEN 15 Min.
PRO DOSE 1680 kcal

ZUTATEN für 3 Dosen (à 3/4 l Inhalt)
je 50 g gewürfeltes Zitronat und Orangeat
100 g Rosinen
2 EL weißer Rum (oder Zitronensaft)
100 g gehackte Mandeln
150 g weiche Butter
150 g Puderzucker | 3 Eier
je 1/4 TL gemahlener Ingwer und Kardamom, Zimtpulver und gemahlene Muskatblüte (Macis)
250 g Magerquark
400 g Mehl | 2 TL Backpulver
Öl und Mehl für die Dosen
Puderzucker zum Bestäuben

1 Zitronat und Orangeat ganz fein hacken. Mit den Rosinen in eine Schüssel geben und mit Rum mischen. Die Mischung zugedeckt ca. 15 Min. marinieren.

2 Inzwischen die Mandeln in einer Pfanne ohne Fett unter Rühren rösten. Den Backofen auf 180° vorheizen. Die Dosen mit Öl einpinseln und mit Mehl bestäuben.

3 Butter und Puderzucker mit den Schneebesen des Handrührgeräts cremig rühren. Die Eier, die Gewürze und den Quark dazugeben und unterrühren. Mehl und Backpulver mischen. Die Mischung mit den Mandeln zum Teig geben. Den Teig auf einer bemehlten Arbeitsfläche gut durchkneten und in drei Portionen teilen.

4 Den Teig in die Dosen füllen. Im Backofen (Mitte, Umluft 160°) 35–40 Min. backen. Die Dosen herausnehmen – Vorsicht sie sind sehr heiß! Abkühlen lassen und die Stollen mit Puderzucker bestäuben.

Tipps

Für den Dosenstollen können Sie saubere Obst- oder Gemüsedosen verwenden. Die Dosen zuvor gut waschen und trocknen lassen. Sie können auch kleinere Dosen (ca. 1/4 l Inhalt) als angegeben verwenden. Den Stollen dann bei 180° (Mitte, Umluft 160°) ca. 30 Min. backen.

im Bild links Dosenstollen ◆ *im Bild rechts* Espressokuchen im Glas

Weihnachtshonig

lecker nicht nur zum Frühstück

ZUBEREITUNG 10 Min.
ZIEHEN 1 Woche
PRO GLAS 825 kcal

ZUTATEN für 2 Gläser (à 150 ml Inhalt)
1 Stück frischer Ingwer (1–2 cm)
2 Vanilleschoten
4 Stangen Zimt
4 Stück Muskatblüte (Macis)
4 Sternanise
2 Stück Bio-Orangenschale (à 5–6 cm)
500 g flüssiger Honig (z. B. Tannenhonig)

1 Den Ingwer schälen und in dünne Scheiben schneiden. Die Vanilleschoten längs aufschlitzen und quer halbieren. Beides mit den übrigen Gewürzen und der Orangenschale in saubere Gläser (am besten Twist-off- oder Bügelgläser) füllen.

2 Die Gläser mit Honig auffüllen und verschließen. Den Honig mindestens 1 Woche ziehen lassen. Schmeckt auf Weißbrot, knusprigem Bauernbrot, Knäckebrot und Brötchen jeder Art. Kann zum Süßen von Tees, Desserts und Salatsaucen verwendet werden. Hält sich an einem kühlen Ort mindestens 1 Jahr.

Variante Honignüsse

200 g Nusskerne (z. B. Walnuss-, Pekannuss-, Haselnusskerne, Mandeln, Macadamianüsse – nur eine Sorte oder auch mehrere nach Belieben gemischt) auf einem Backblech verteilen und im vorgeheizten Backofen bei 220° (Mitte, Umluft 200°) ca. 5 Min. rösten. Dann, falls nötig, auf ein Küchentuch geben und die Schale abrubbeln. Sofort in 2 saubere Gläser (à 200 ml Inhalt) füllen und mit flüssigem Honig (z. B. Akazienhonig, insgesamt 350 g) bedecken. Die Gläser verschließen. Die Honignüsse mindestens 1 Woche ziehen lassen. Schmecken zu Obstsalat, Panna cotta, griechischem Joghurt oder Quark.

Rum-Zimt-Kandis

süßt Tee mal anders

ZUBEREITUNG 15 Min.
ZIEHEN 1 Woche
PRO GLAS 1130 kcal

ZUTATEN für 2 Gläser (à 200 ml Inhalt)
150 g Zucker | 150 ml brauner Rum
300 g brauner Kandis
4 Stangen Zimt

1 Den Zucker und den Rum in einem kleinen Topf verrühren und erhitzen, bis sich der Zucker gelöst hat. Den Rumsirup abkühlen lassen.

2 Den Kandis mit den Zimtstangen in saubere Gläser (am besten Twist-off- oder Bügelgläser) füllen und mit dem Rumsirup bedecken. Die Gläser verschließen und den Kandis mindestens 1 Woche ziehen lassen. Zum Süßen von Tee. Hält sich an einem kühlen Ort mindestens 1 Jahr.

Variante Caipirinha-Kandis

100 g Zucker mit 100 ml Cachaça (Zuckerrohrschnaps) in einem Topf erhitzen, den Zucker darin lösen. Den Cachaça-Sirup abkühlen lassen. 1 große Bio-Limette heiß waschen und abtrocknen, achteln und auf 2 saubere Gläser (à 200 ml Inhalt) verteilen. Mit je 1 EL Rohrzucker bestreuen und die Limetten mit einem Stößel leicht ausdrücken. Weißen Kandis (insgesamt 300 g) dazugeben, mit dem Cachaça-Sirup auffüllen. Die Gläser verschließen. Den Kandis mindestens 1 Woche ziehen lassen.

Einkaufs-Tipp

Wer auf mehr Aroma aus ist – Kandis gibt es auch aromatisiert. Greifen Sie nach Lust und Laune mal zu Toffee-Karamell-Kandis, Vanille- oder Sanddornkandis, Zitronen- oder Wildkirschkandis sowie zu anderen Sorten (eine große Auswahl gibt es in sehr gut sortierten Teeläden und übers Internet). Wie beschrieben in Gläser füllen und mit Rumsirup auffüllen.

Schoko-Karamell-Sauce

kann süchtig machen

ZUBEREITUNG 25 Min.
PRO GLAS 1050 kcal

ZUTATEN für 3 Gläser (à 1/4 l Inhalt)
1/2 Vanilleschote
300 g Sahne
150 ml frisch gekochter Kaffee
1 TL Instant-Espressopulver
100 ml Rohrzuckersirup (siehe Tipp)
200 g Zartbitterschokolade
250 g Zucker

1 Die Gläser (am besten Twist-off- oder Bügelgläser) mit heißem Wasser waschen und umgedreht auf einem Küchentuch trocknen lassen.

2 Die Vanilleschote längs aufschlitzen, das Mark mit einem kleinen Messer herauskratzen und mit der Sahne in einen Topf geben. Den Kaffee, das Espressopulver und den Rohrzuckersirup dazugeben. Die Mischung unter Rühren aufkochen und ca. 3 Min. köcheln lassen.

3 Die Schokolade in Stücke brechen. Den Zucker in einem breiten Topf (am besten mit schwerem Boden) bei mittlerer Hitze hellbraun schmelzen lassen. Die vorbereitete Kaffeesahne dazugießen und rühren, bis sich der Zucker gelöst hat. Die Schokoladenstücke dazugeben und rühren, bis die Schokolade geschmolzen ist. Dann die Sauce etwas abkühlen lassen.

4 Die Schoko-Karamell-Sauce in die Gläser füllen und die Gläser sofort verschließen. Die Sauce in den Kühlschrank stellen. Passt heiß gut zu Vanilleeis. Hält sich etwa 3 Wochen.

Servier-Tipps

Für eine heiße Schokolade pro Glas 2 TL Sauce mit 150 ml Milch unter Rühren erhitzen. Für eine schnelle Schoko-Mousse 250 g Sahne mit 1 Päckchen Vanillezucker steif schlagen. 2 EL Schoko-Karamell-Sauce unterrühren. Die Mousse in 4 Gläser füllen.

Austausch-Tipp

Cremiger wird die Schoko-Karamell-Sauce mit Butter. Die Sauce wie beschrieben zubereiten und auf ca. 30° abkühlen lassen. 75 g Butter klein schneiden und mit dem Pürierstab untermixen. Dann die Sauce in die Gläser füllen und die Gläser sofort verschließen. Schmeckt auch als Brotaufstrich.

Schnelle Variante

300 g Sahne mit 10 weichen Karamellbonbons und 2 TL Instant-Espressopulver aufkochen lassen und rühren, bis sich die Bonbons aufgelöst haben. Dann 200 g Gelierzucker 3:1 unterrühren und ca. 2 Min. köcheln lassen. 200 g Schokolade (z. B. Mocca-, Vollmilch- oder Zartbitterschokolade) in Stücke brechen und in der Sahnemischung unter Rühren schmelzen lassen. Die Sauce in Gläser füllen. Sofort verschließen.

Gut zu wissen

Rohrzuckersirup bekommen Sie im Getränkeregal bei den Spirituosen. Falls Sie keinen finden, nehmen Sie selbst zubereiteten Zuckersirup. Dafür 100 ml Wasser mit 100 g Zucker in einen kleinen Topf geben und bei mittlerer Hitze 8–10 Min. rühren, bis eine sirupartige Masse entsteht. Den Zuckersirup können Sie auf Vorrat zubereiten und in einer Flasche kalt stellen. Hält sich 2–3 Wochen.

Himbeer-Schoko-Sauce

einfach himmlisch

ZUBEREITUNG 20 Min.
KOCHEN 5 Min.
PRO GLAS 410 kcal

ZUTATEN für 3 Gläser (à 1/8 l Inhalt)
450 g TK-Himbeeren
1 Zitrone
150 g Puderzucker
1 EL Himbeersirup
75 g Zartbitterschokolade
1 EL Portwein (nach Belieben)

1 Die Gläser (am besten Twist-off- oder Bügelgläser) mit heißem Wasser waschen und umgedreht auf einem Küchentuch trocknen lassen.

2 Die unaufgetauten Himbeeren in einen Topf geben. Die Zitrone auspressen und den Saft mit Puderzucker und dem Himbeersirup dazugeben. Alles bei mittlerer Hitze aufkochen und ca. 5 Min. köcheln lassen. Dann den Topf vom Herd nehmen und die Himbeeren etwas abkühlen lassen.

3 Die Himbeermischung durch ein feines Sieb in einen Topf streichen. Die Schokolade in Stücke brechen, dazugeben und bei mittlerer Hitze unter Rühren schmelzen lassen. Nach Belieben den Portwein dazugeben und unterrühren.

4 Die Himbeersauce in Gläser füllen. Die Gläser sofort verschließen und in den Kühlschrank stellen. Passt gut zu Vanilleeis. Hält sich 2–3 Wochen.

Austausch-Tipps

Die Zartbitterschokolade können Sie durch weiße Schokolade ersetzen und die TK-Himbeeren durch 450 g TK-Waldbeerenmischung.

Verwendungs-Tipps

Für 4 Portionen Himbeerquark 250 g Magerquark mit 75 g Puderzucker und 3 EL Himbeer-Schoko-Sauce glatt rühren. 250 g Sahne steif schlagen und unterziehen.
Für 4 Torteletts: 200 g Sahne mit 1 Päckchen Sahnesteif steif schlagen. 2 EL Himbeer-Schoko-Sauce unterrühren. Die Himbeersahne auf 4 Torteletts (Fertigprodukt; ca. 8 cm Ø) spritzen. Sofort servieren.

Variante Schoko-Kirsch-Sauce

400 g TK-Sauerkirschen mit 150 g Gelierzucker 3:1, 150 ml Kirschsaft und 1 Stange Zimt in einen Topf geben und unter Rühren ca. 5 Min. köcheln lassen. 50 g gehackte Zartbitterschokolade und nach Belieben 1 EL Kirschwasser dazugeben und unterrühren. Die Zimtstange entfernen. Die Kirschsauce in heiß ausgespülte Gläser füllen, die Gläser sofort verschließen und in den Kühlschrank stellen. Die Sauce passt zu süßen Gerichten wie Kaiserschmarren, Pfannkuchen, Grieß- oder Vanillepudding.

im Bild oben Himbeer-Schoko-Sauce ◆ *im Bild unten* Schoko-Karamell-Sauce

Schokolade mit Veilchen

süße Verführung

ZUBEREITUNG 30 Min.
PRO STÜCK 250 kcal

ZUTATEN für 8 Stück
300 g Zartbitterkuvertüre
30 g Pinienkerne
1 EL Puderzucker
50 g getrocknete Cranberrys
2 EL kandierte Veilchen
(oder kandierte Rosenblätter)

1 Die Kuvertüre grob hacken, 2 EL davon beiseitestellen, den Rest in eine Schüssel geben. Pinienkerne und Puderzucker mischen. In einer Pfanne ohne Fett unter Rühren goldbraun rösten, dann abkühlen lassen. Das Backblech oder eine flache Platte mit Backpapier auslegen.

2 Die Kuvertüre über dem heißen Wasserbad unter Rühren schmelzen lassen, dann vom Herd nehmen. Die beiseitegestellte Kuvertüre dazugeben und schmelzen lassen (so behält die Kuvertüre ihren Glanz). Die Kuvertüre ca. 2 Min. abkühlen lassen, dann ca. 0,5 cm dünn auf das Backblech oder die Platte streichen (ca. 20 x 30 cm). Pinienkerne, Cranberrys und kandierte Veilchen darüberstreuen. Offen an einem kühlen, trockenen Ort fest werden lassen.

3 Die Schokolade in Stücke brechen oder mit einem scharfen Messer in Stücke schneiden, dabei das Messer zwischendurch kurz in heißes Wasser tauchen. Hält sich 2–3 Wochen.

Schoko-Nusstaler

Feines zum Kaffee

ZUBEREITUNG 30 Min.
KÜHLEN 3 Std.
PRO STÜCK 280 kcal

ZUTATEN für 12 Stück
200 g Haselnusskerne
2 EL Honig
1/2 TL Lebkuchengewürz
250 g Zartbitterkuvertüre
100 g Vollmilchkuvertüre

1 Die Haselnusskerne in einer Pfanne ohne Fett bei mittlerer Hitze unter Rühren rösten, dann in ein Küchentuch geben und die Haut abrubbeln.

2 Den Honig mit dem Lebkuchengewürz in die Pfanne geben und erhitzen. Die Haselnusskerne dazugeben und bei mittlerer Hitze unter Rühren karamellisieren lassen. Auf Backpapier geben und abkühlen lassen.

3 Beide Kuvertüren grob hacken, 2 EL davon beiseitestellen und den Rest in eine Schüssel geben. Die Kuvertüre über dem heißen Wasserbad unter Rühren schmelzen lassen, dann vom Herd nehmen.

4 Die beiseitegestellte Kuvertüre dazugeben und unter Rühren schmelzen lassen (so behält die Kuvertüre ihren Glanz). Die Kuvertüre ca. 2 Min. abkühlen lassen. Inzwischen ein Backblech oder eine flache Platte mit Backpapier auslegen.

5 Für die Nusstaler je 2 Esslöffel Schokolade mit etwas Abstand auf das Backpapier geben. Die Karamellnüsse darauf verteilen und mit dem Löffel etwas flach drücken, sodass runde Taler (ca. 8–10 cm Ø) entstehen. Die Taler offen an einem kühlen, trockenen Ort fest werden lassen. Halten sich 2–3 Wochen.

Tipps zum Verschenken

Die Schoko-Nusstaler in eine kleine, rechteckige, mit Tortenspitze oder Seidenpapier ausgelegte schöne Dose oder Schachtel legen. Oder ein Stück Karton mit Seidenpapier beziehen. Die Taler daraufsetzen, mit Geschenkfolie abdecken und das Ganze mit Geschenkband dekorativ umwickeln.

im Bild Schoko-Nusstaler

Schokolade mit Walnüssen

zum Dahinschmelzen gut

ZUBEREITUNG 30 Min.
PRO STÜCK 280 kcal

ZUTATEN für 8 Stück
2 EL Ahornsirup
100 g halbierte Walnusskerne
200 g Zartbitterkuvertüre
100 g Vollmilchkuvertüre

1 Den Ahornsirup erhitzen, die Walnusskerne darin unter Rühren bei mittlerer Hitze karamellisieren lassen, bis die Flüssigkeit verdampft ist. Auf Backpapier geben und abkühlen lassen. Das Backblech oder eine rechteckige Platte mit Backpapier auslegen.

2 Beide Kuvertüren grob hacken, 2 EL davon beiseitestellen und den Rest in eine Schüssel geben. Die Kuvertüre über dem heißen Wasserbad schmelzen lassen, dann vom Herd nehmen. Die beiseitegestellte Kuvertüre dazugeben und unter Rühren schmelzen lassen (so behält die Kuvertüre ihren Glanz).

3 Die Kuvertüre ca. 2 Min. abkühlen lassen, dann auf das Backblech oder die Platte gießen und ca. 0,5 cm dünn (ca. 20 x 30 cm) ausstreichen. Die Ahornsirup-Walnüsse darauf verteilen. Offen an einem kühlen, trockenen Ort fest werden lassen.

4 Die Schokolade in große Stücke brechen oder mit einem Messer in Stücke schneiden, dabei das Messer zwischendurch kurz in heißes Wasser tauchen. Hält sich 2–3 Wochen.

Variante mit Chili

100 g Pekannusshälften oder 100 g geschälte, halbierte Mandeln mit 1 TL Zimtzucker (Fertigprodukt) mischen. Die Nüsse leicht rösten. 1/2 getrocknete Chilischote zerreiben. 300 g Zartbitterkuvertüre grob hacken, 2 EL Kuvertüre beiseitestellen und den Rest mit Chili über dem heißen Wasserbad schmelzen lassen. Vom Herd nehmen, übrige Kuvertüre unterrühren und darin schmelzen lassen. Die Kuvertüre ca. 2 Min. abkühlen lassen, dann auf ein mit Backpapier ausgelegtes Blech streichen (ca. 20 x 30 cm). Mit Nüssen bestreuen und an einem kühlen, trockenen Ort fest werden lassen.

Verpackungs-Tipps

Zum Verschenken der Schokolade mit Veilchen oder mit den Walnüssen die Schokoladenstücke in durchsichtige Geschenkfolie, Geschenktüten oder Seidenpapier wickeln und mit einer schönen Schleife in den Lieblingsfarben des Empfängers verzieren.

im Bild links Schokolade mit Walnüssen ◆ *im Bild rechts* Schokolade mit Veilchen

Lebkuchen-Karamellen

echte Zungenschmeichler

ZUBEREITUNG 1 Std.
PRO STÜCK 35 kcal

ZUTATEN für ca. 55 Stück
200 g Zucker
1 EL Traubenzucker
100 ml Ahornsirup
(oder Agavendicksaft)
200 g Sahne | 2 EL Butter
2 TL Lebkuchengewürz
1 TL fein abgeriebene Schale
von 1 Bio-Orange

1 Den Zucker mit Traubenzucker, Ahornsirup und 50 ml Wasser in einem Topf verrühren, bei starker Hitze aufkochen und bei mittlerer Hitze ca. 8 Min. kochen lassen, bis die Mischung goldbraun ist. (Wer möchte, kann mit einem Zucker- oder Bratenthermometer die Temperatur messen; sie sollte ca. 115° betragen.)

2 Inzwischen die Sahne in einem zweiten Topf erhitzen, die Butter darin schmelzen lassen. Eine rechteckige, flache Form (ca. 12 x 18 cm) mit Backpapier auslegen.

3 Die Buttersahne unter die goldbraune Zuckermasse rühren und alles 30–35 Min. kochen lassen, bis eine goldbraune Karamellmasse entstanden ist (Temperatur: 120–125°), dabei gelegentlich umrühren. Das Lebkuchengewürz und die Orangenschale untermischen. Die Karamellmasse ca. 1,5 cm hoch in die Form füllen und fest werden lassen.

4 Lebkuchen-Karamell auf Backpapier stürzen und das Papier abziehen. Den Karamell in ca. 2 cm große Würfel schneiden. Halten sich luftdicht verschlossen an einem kühlen Ort mindestens 4 Wochen.

Süßscharfe Knuspernüsse

Knackiges für zwischendurch

ZUBEREITUNG 10 Min.
PRO GLAS 1060 kcal

ZUTATEN für 2 Gläser (à 350 ml Inhalt)
1 EL Fleur de sel (oder normales Salz)
50 g Zucker
2–3 TL Chilipulver (oder Cayennepfeffer)
300 g gemischte Nusskerne (nicht geröstet
und ungesalzen; z. B. Mandeln, Macadamia-,
Cashew-, Erd- oder Haselnüsse ohne Haut)

1 Fleur de sel, Zucker und Chilipulver in einen Mörser geben und fein zerreiben. Die Nüsse in einer großen beschichteten Pfanne ohne Fett bei mittlerer Hitze unter Rühren ca. 5 Min. rösten.

2 Die Salz-Zucker-Mischung rasch über die Nüsse streuen und den Zucker unter Rühren karamellisieren lassen. Die Nüsse sofort aus der Pfanne nehmen und abkühlen lassen. Dann in saubere Gläser (am besten Twist-off- oder Bügelgläser) füllen. Die Gläser sofort verschließen. Bleiben luftdicht verschlossen mindestens 1 Woche knusprig.

Verpackungs-Tipps

Die Karamellen oder das Quittenbrot (vor allem ohne Dekorzucker) in kleine Blechdosen schichten, dazwischen Backpapier- oder Wachspapierstreifen legen. Die Dosen luftdicht verschließen. Oder die Karamellen einzeln in Wachspapier wickeln, dann in Tassen, Gläser, kleine Schüsseln, geflochtene Körbchen oder Blumenübertöpfe stecken und mit Cellophanpapier umhüllen. Oder in Filztäschchen geben.

im Bild links Süßscharfe Knuspernüsse ◆ *im Bild rechts* Lebkuchen-Karamellen

Quittenbrot mit Rosenwasser

Süßigkeit mit dem gewissen Etwas

ZUBEREITUNG 50 Min.
KOCHEN 1 Std.
TROCKNEN 12 Std.
PRO STÜCK 30 kcal

ZUTATEN für ca. 95 Stück
1 Bio-Zitrone | 200 ml trockener Weißwein
1 kg Quitten | 600 g Zucker
2 EL Gelfix 1 : 1
3 EL Rosenwasser (aus der Apotheke)
2 Prisen frisch geriebene Muskatnuss
1 Prise gemahlener Kardamom
weißer Dekor-Zucker zum Wälzen (nach Belieben)

1 Die Zitrone heiß waschen und abtrocknen, 2 Stück Schale (à 5–6 cm) dünn abschneiden, den Saft auspressen. Beides mit Wein in einen großen Topf geben.

2 Die Quitten mit Küchenpapier gut abreiben, dann unter fließendem Wasser gründlich abbürsten. Die Quitten achteln, putzen und entkernen. Die Achtel in den Topf geben und so viel Wasser dazugießen, dass die Früchte knapp bedeckt sind, dann aufkochen lassen. Die Quitten zugedeckt bei mittlerer Hitze in 30 Min. weich kochen.

3 Die Quitten in ein Sieb abgießen und gut abtropfen lassen. Fruchtstücke (ohne die Zitronenschale) wieder in den Topf geben und mit dem Pürierstab ganz fein pürieren, mit dem Zucker mischen und aufkochen lassen. Halb zugedeckt bei mittlerer Hitze in 30 Min. dick einkochen lassen, dabei gelegentlich umrühren.

4 Das Gelfix mit Rosenwasser und 3–4 EL von der Fruchtmasse verrühren, dann unter die ganze Quittenmasse rühren und 5 Min. kochen lassen. Mit Muskat und Kardamom würzen. Eine flache, rechteckige Form (ca. 20 x 30 cm) mit Backpapier auslegen.

5 Die Quittenmasse ca. 1,5 cm hoch in die Form streichen. Mit einem Küchentuch abdecken und bei Zimmertemperatur 12 Std. (am besten über Nacht) trocknen lassen. Dann das Quittenbrot auf eine Arbeitsfläche stürzen, das Backpapier abziehen. Das Quittenbrot in ca. 2,5 cm große Würfel schneiden. Nach Belieben im Dekor-Zucker wälzen. Hält sich luftdicht verschlossen im Kühlschrank mindestens 3 Wochen.

Variante mit Schokolade

200 g Zartbitterschokolade fein hacken und in einer Schüssel über dem heißen Wasserbad schmelzen lassen. Die Quittenbrot-Würfel (ohne Dekor-Zucker) nach und nach mit einer Pralinengabel in die Schokolade tauchen, überschüssige Schokolade ablaufen lassen. Auf Backpapier setzen und trocknen lassen.

1 Die Schale mit einem scharfen Messer von den Orangen schneiden, dabei die weiße Haut mit entfernen. Das Fruchtfleisch in kleine Stücke schneiden und die Kerne eventuell entfernen.

2 Die Bio-Orangen heiß waschen und abtrocknen, die Schale mit einem kleinen Messer dünn abschälen und in sehr feine Streifen schneiden. Den Saft der Orangen und Zitronen auspressen.

3 Den Zitronen- und Orangensaft, die Orangenschale und Orangenstücke sowie den Gelierzucker in einen großen Topf geben und alles mischen. Zugedeckt ca. 12 Std. (am besten über Nacht) ziehen lassen.

4 Die Gläser (am besten Twist-off- oder Bügelgläser) mit heißem Wasser waschen und umgedreht auf einem Küchentuch trocknen lassen.

5 Die Orangenmasse unter Rühren aufkochen und bei mittlerer Hitze ca. 4 Min. sprudelnd kochen lassen. Kurz vor dem Ende der Kochzeit die Gelierprobe machen. Dafür mit einem Tee- oder Kochlöffel etwas Marmelade auf einen Teller tropfen lassen. Wird sie innerhalb von 1/2 Min. nicht fest, die Marmelade weitere 1–2 Min. kochen lassen. Orangenlikör dazugeben und unterrühren.

6 Die Orangenmarmelade in ein hitzebeständiges Gefäß mit Ausgießer geben. Die Gläser bis zum Rand mit Marmelade füllen. Dabei darauf achten, dass der Rand sauber bleibt. Die Gläser sofort verschließen und abkühlen lassen.

Orangenmarmelade mit Orangenlikör

Verwöhnen leicht gemacht

ZUBEREITUNG 30 Min.
ZIEHEN 12 Std.
PRO GLAS 630 kcal

ZUTATEN für 4 Gläser (à 1/4 l Inhalt)
1 kg Orangen
2 Bio-Orangen
2 Zitronen
500 g Gelierzucker 2 : 1
2 EL Orangenlikör (z. B. Cointreau)

Variante Orangengelee mit Aperol

900 ml frisch gepressten Orangensaft mit 500 g Gelierzucker 2 : 1 und dem Saft von 1 Zitrone in einen Topf geben und kurz durchrühren. Die Mischung zugedeckt ca. 30 Min. stehen lassen, bis sich der Zucker gelöst hat. Dann die Mischung aufkochen und bei mittlerer Hitze ca. 3 Min. sprudelnd kochen lassen. 100 ml Aperol unterrühren und weitere 1–2 Min. kochen lassen. Das Gelee in heiß ausgespülte Gläser füllen und sofort verschließen.

Mangokonfitüre

exotisch

ZUBEREITUNG 20 Min.
ZIEHEN 30 Min.
PRO GLAS 650 kcal

ZUTATEN für 2 Gläser (à 200 ml Inhalt)
2 reife Mangos
(ca. 850 g; geputzt ca. 500 g)
1 Zitrone
2 Kaffir-Limettenblätter (Asialaden)
250 g Gelierzucker 2:1

1 Die Mangos schälen. Das Fruchtfleisch vom Stein schneiden und in kleine Würfel schneiden. Den Saft der Zitrone auspressen. Die Kaffir-Limettenblätter waschen und trocken tupfen.

2 Den Gelierzucker und die Kaffir-Limettenblätter in einen Topf geben. Die Mangowürfel und den Zitronensaft dazugeben. Alles verrühren und zugedeckt ca. 30 Min. ziehen lassen.

3 Die Mischung unter Rühren aufkochen und bei mittlerer Hitze ca. 4 Min. sprudelnd kochen lassen. Die Kaffir-Limettenblätter entfernen. Die Gläser (am besten Twist-off- oder Bügelgläser) heiß ausspülen.

4 Die Mangokonfitüre in ein hitzebeständiges Gefäß mit Ausgießer geben und in die Gläser füllen. Dabei darauf achten, dass der Rand sauber bleibt. Die Gläser sofort verschließen und abkühlen lassen.

Granatapfelgelee

ein schöner Liebesbeweis

ZUBEREITUNG 25 Min.
ZIEHEN 30 Min.
PRO GLAS 400 kcal

ZUTATEN für 3 Gläser (à 1/8 l Inhalt)
3 Granatäpfel | 2 Limetten
200 ml Bellini (Sekt-Pfirsich-Cocktail; ersatzweise Prosecco oder trockener Weißwein)
250 g Gelierzucker 2:1

1 Die Granatäpfel aufbrechen oder quer halbieren, die Kerne mit einem Löffel über einem Sieb herauslösen und durch das Sieb streichen, dabei den Saft (ca. 200 ml) auffangen. Den Saft der Limetten auspressen. Mit dem Granatapfelsaft und Bellini in einen Messbecher geben und mit Wasser auf 1 l auffüllen.

2 Das Saftgemisch und den Gelierzucker in einen Topf geben und zugedeckt ca. 30 Min. ziehen lassen. Gläser (am besten Twist-off- oder Bügelgläser) heiß ausspülen und umgedreht auf einem Küchentuch trocknen lassen.

3 Die Saft-Zucker-Mischung unter Rühren aufkochen und bei mittlerer Hitze ca. 4 Min. sprudelnd kochen lassen. Kurz vor dem Ende der Kochzeit die Gelierprobe machen. Dafür mit einem Tee- oder Kochlöffel etwas Gelee auf einen Teller tropfen lassen. Wird es innerhalb von 1/2 Min. nicht fest, das Gelee weitere 1–2 Min. kochen lassen.

4 Das Granatapfelgelee in ein hitzebeständiges Gefäß mit Ausgießer geben und in die Gläser füllen. Dabei darauf achten, dass der Rand sauber bleibt. Die Gläser sofort verschließen und abkühlen lassen.

Tipp zum Verschenken

Zum Verschenken die Gläser mit dekorativen Etiketten bekleben und beschriften. Je nach Inhalt jeweils ein Foto von einer Orange, Mango oder einem Granatapfel auf die Gläser kleben. Oder die Motive auf Papier malen, ausschneiden und aufkleben.

links Mangokonfitüre ◆ *rechts* Granatapfelgelee

Espressolikör

blitzschnell zubereitet

ZUBEREITUNG 10 Min.
PRO FLASCHE 1040 kcal

ZUTATEN für 2 Flaschen mit Korken (à 350 ml Inhalt)
300 g Sahne
100 ml Milch
3 TL Instant-Espressopulver
200 ml Eierlikör
100 g Weinbrand

1 Die Sahne mit der Milch und dem Espressopulver in einen Topf geben, dann aufkochen und bei mittlerer Hitze köcheln lassen, bis sich das Espressopulver aufgelöst hat. Den Eierlikör und den Weinbrand dazugeben und unterrühren.

2 Die Flaschen heiß ausspülen und den Likör einfüllen. Die Flaschen mit den Korken sofort verschließen. Der Likör hält sich etwa 2 Wochen.

Deko-Tipp

Zum Verschenken die Flaschen in Geschenkfolie wickeln. Mit feinem Draht oder Bindfaden Gewürze (z. B. Zimtstangen oder Sternanis) an die Flaschen binden.

Glühweinsirup

für kalte Wintertage

ZUBEREITUNG 25 Min.
KOCHEN 35 Min.
PRO FLASCHE 1205 kcal

ZUTATEN für 2 Flaschen oder Gläser (à 1/8 l Inhalt)
4 Kardamomkapseln
1 l trockener Rotwein
1 Stange Zimt | 4 Sternanis
8 Nelken | 3 Bio-Orangen
1 Vanilleschote | 400 g feiner Zucker

1 Die Kardamomkapseln im Mörser leicht zerstoßen. Mit Rotwein, 1/4 l Wasser, Zimtstange, Sternanis und Nelken in einen Topf geben und zugedeckt aufkochen lassen. 1 Bio-Orange heiß waschen, abtrocknen und in Scheiben schneiden und zum Wein geben. Alles bei mittlerer Hitze ca. 15 Min. ziehen lassen. Den Glühwein durch ein Sieb gießen und wieder in einen Topf geben.

2 Die Vanilleschote längs aufschlitzen, das Mark mit einem kleinen Messer herauskratzen und mit den Schoten zum Glühwein geben. Den Saft der übrigen Bio-Orangen auspressen und mit dem Zucker dazugeben. Den Glühwein aufkochen und bei starker Hitze in 15–20 Min. bis zur Hälfte sirupartig einkochen lassen, dabei gelegentlich umrühren. Vanilleschote und Zimtstange entfernen.

3 Die Flaschen oder Gläser (am besten Twist-off- oder Bügelgläser) heiß ausspülen. Glühweinsirup einfüllen. Flaschen oder Gläser sofort verschließen.

Schnelle Varianten

Statt der Gewürze können Sie einfach 2 Beutel Glühweinfix (Fertigprodukt) verwenden. Anstelle von Rotwein nehmen Sie fertigen Glühwein aus der Flasche: Etwa 650 ml Glühwein mit 250 g Zucker, Vanilleschote und 100 ml frisch gepresstem Orangensaft mischen und wie in Schritt 2 beschrieben sirupartig einkochen lassen.

Verwendungs-Tipp

Fein zum Aromatisieren von Schwarztee. Für einen weihnachtlichen Aperitif 1–2 TL Glühweinsirup in Gläser füllen, mit gut gekühltem Prosecco, Sekt, Wein oder Mineralwasser auffüllen.

im Bild links Espressolikör ◆ *im Bild rechts* Glühweinsirup

Blutorangensirup mit Ingwer

raffiniert

ZUBEREITUNG 30 Min.
KOCHEN 20 Min.
PRO FLASCHE 940 kcal

ZUTATEN für 2 Flaschen oder Gläser (à 1/8 l Inhalt)
6–8 Blutorangen
400 g feiner Zucker
1 Stück frischer Ingwer (ca. 2 cm)
1/2 Vanilleschote
1 Päckchen Zitronensäure
2 EL Orangenlikör (nach Belieben)

1 Den Saft der Blutorangen auspressen (ca. 1/2 l). Den Orangensaft und Zucker in einen breiten Topf (am besten mit schwerem Boden) geben. Den Ingwer schälen und in kleine Würfel schneiden. Die Ingwerwürfel, die Vanilleschote und 1/8 l Wasser zum Orangensaft geben.

2 Die Mischung unter Rühren aufkochen und in ca. 20 Min. bis zur Hälfte (ca. 1/4 l) sirupartig einkochen lassen. Den Sirup durch ein Sieb in einen Topf gießen und erhitzen. Die Zitronensäure und nach Belieben den Orangenlikör dazugeben und alles nochmals kurz aufkochen lassen.

3 Die Flaschen oder Gläser (siehe Tipp) heiß ausspülen. Den Sirup einfüllen. Flaschen oder Gläser sofort verschließen und in den Kühlschrank stellen. Schmeckt gut zu Vanilleeis. Hält sich mindestens 4 Wochen.

Deko-Tipps

Den Sirup in schöne Flaschen oder Gläser mit Deckel abfüllen. Sie können beides in verschiedenen Größen und Formen übers Internet bestellen unter: www.glaeser-und-flaschen.de.
Als Deko in einem hohen Glas machen sich getrocknete Orangenschalen gut: Dazu die Schale von den Orangen dünn abschneiden. Das Backblech mit Backpapier auslegen, die Schalen darauf verteilen und im vorgeheizten Backofen bei 100° (Mitte, Umluft 80°) ca. 1 Std. trocknen lassen. Die Orangenschalen in kleine Cellophantüten verpacken. Jedes Tütchen mit einem passenden Band an den Flaschenhals oder die Gläser binden.

Verwendungs-Tipps

Der Blutorangensirup ist ideal zum Mixen von Cocktails. Dafür pro Drink 2 TL Orangensirup in ein Glas geben und mit gut gekühltem Sekt auffüllen. Oder den Sirup zum Tränken von Rührkuchen oder Tortenböden verwenden. Dafür mit einem Holzstäbchen kleine Löcher in den Kuchen stechen und mit Orangensirup beträufeln.

Exotischer Rumtopf

einfach zuzubereiten

ZUBEREITUNG 40 Min.
KOCHEN 20 Min.
ZIEHEN 1 Woche
PRO GLAS 990 kcal

ZUTATEN für 4 Gläser mit Deckel (à 1/2 l Inhalt)
200 g Kumquats
4 Sternanis
300 g Zucker
200 g Litschis
2 Babyananas (ca. 500 g)
2 Kiwis | 1 Karambole
700 ml weißer Rum (mindestens 40 vol.%)

1 Die Kumquats waschen und abtrocknen, die Schale mit einer Nadel rundum einstechen. 200 ml Wasser, Sternanis und Kumquats in einen Topf geben. Alles aufkochen und bei schwacher Hitze ca. 12 Min. köcheln lassen, bis die Kumquatschalen ziemlich weich sind. Die Kumquats herausnehmen und in einem Sieb abtropfen lassen. Für den Zuckersirup den Zucker zur Kochflüssigkeit geben und ca. 5 Min. köcheln lassen, bis sich der Zucker gelöst hat.

2 Die Litschis aus der Schale lösen. Die Babyananas längs vierteln und jeweils den harten Strunk herausschneiden. Die Ananasviertel schälen und quer in Stücke schneiden. Die Kiwis schälen, halbieren und in Scheiben schneiden. Die Karambole waschen und in Scheiben schneiden.

3 Die Gläser heiß ausspülen. Den Zuckersirup nochmals aufkochen lassen. Die Früchte und Sternanis in die Gläser schichten und jede Schicht mit Zuckersirup begießen. Zuletzt mit dem weißen Rum auffüllen. Die Gläser sofort verschließen. Den Rumtopf mindestens 1 Woche ziehen lassen.

Austausch-Tipp

Sie können die exotischen Früchte nach Belieben austauschen. Für 2 Gläser mit Deckel (à 1 l Inhalt) etwa 750 g Früchte (z. B. Physalis, Kiwis, Mangos, Ananas und 1 Limette) waschen, putzen und in Stücke oder Scheiben schneiden. Die Früchte in die Gläser schichten. Jede Schicht mit 2 EL Zucker bestreuen. Dann mit ca. 700 ml weißem Rum (mindestens 40 vol.%) begießen, bis die Früchte bedeckt sind.

Beschwipste Trockenfrüchte

kommen immer gut an

ZUBEREITUNG 20 Min.
KOCHEN 12 Min.
ZIEHEN 1 Woche
PRO GLAS 1690 kcal

ZUTATEN für 2 Gläser mit Deckel (à 1 l Inhalt)
je 100 g getrocknete, weiche Aprikosen, Birnen, Feigen, Datteln und Pflaumen
1/2 Vanilleschote
3 Nelken
1 Stange Zimt
200 g Zucker
600 ml Armagnac (oder Cognac)

1 Die Aprikosen halbieren, die Birnen vierteln, die Feigen halbieren und die Datteln entsteinen. Große Trockenpflaumen ebenfalls halbieren.

2 Die Vanilleschote längs aufschlitzen, das Mark mit einem kleinen Messer herauskratzen und mit 150 ml Wasser, Nelken und Zimtstange in einen Topf geben. Den Zucker dazugeben und unterrühren. Die Mischung unter Rühren aufkochen, dann bei schwacher Hitze in 10–12 Min. leicht sirupartig einkochen lassen.

3 Gewürze mit einem Sieb aus dem Zuckersirup nehmen und mit den Trockenfrüchten in heiß ausgespülte Gläser schichten. Den Sirup erhitzen und sofort über die Früchte gießen. Mit Armagnac auffüllen, bis die Früchte bedeckt sind. Die Gläser sofort verschließen und die Früchte mindestens 1 Woche ziehen lassen.

Tipps

Sie können zusätzlich noch Trockenfrüchte nach Wahl wie getrocknete Äpfel, Rosinen oder geschälte Mandeln in die Gläser schichten. Dann mit Zuckersirup und Armagnac begießen. Beschwipste Früchte passen ausgezeichnet zu Mehlspeisen, Eis, Pudding und Milchreis.

Variante Pflaumen in Armagnac

400 g getrocknete und entsteinte Pflaumen mit 100 g geschälten Mandeln, 150 g weißem Kandiszucker und 1 Stange Zimt in ein hohes Glas mit 1 1/4 l Inhalt schichten, mit ca. 600 ml Armagnac auffüllen. Das Glas sofort verschließen und die Früchte 1–2 Wochen an einem kühlen Ort ziehen lassen.

im Bild links Beschwipste Trockenfrüchte ◆ *im Bild rechts* Exotischer Rumtopf

Fruchtlollis

selbst gemacht etwas Besonderes

ZUBEREITUNG 1 Std.
KOCHEN 10 Min.
PRO STÜCK 80 kcal

ZUTATEN für ca. 25 Stück
6 Mandarinen
350 g Zucker
125 g Traubenzucker
2 TL Ascorbinsäure (aus der Apotheke)
1–2 Tropfen gelbe Speisefarbe
Mandarinenöl (nach Belieben; aus der Apotheke)
Schaschlikspieße oder bunte Spieße

1 Den Saft der Mandarinen auspressen (ca. 100 ml). 50 ml Mandarinensaft, 50 ml Wasser, Zucker und Traubenzucker unter Rühren langsam erhitzen, bis sich der Zucker gelöst hat. Die Sirupmischung aufkochen und bei mittlerer Hitze ca. 10 Min. ohne Rühren köcheln lassen. Die Ascorbinsäure, gelbe Speisefarbe und den restlichen Mandarinensaft unterrühren.

2 Die Masse auf eine hitzebeständige flache Platte gießen (am besten auf eine Marmorplatte) und nach Belieben mit einigen Tropfen Mandarinenöl beträufeln. Die Masse mit dem Spachtel von außen nach innen immer wieder durchmengen, bis sie geschmeidig ist. Wenn sie kühl genug ist, aus der Masse Kugeln (ca. 3 cm Ø) formen. In jede Kugel 1 Spieß stecken.

Geleesterne

schmecken nicht nur Kindern

ZUBEREITUNG 25 Min.
KÜHLEN 2 Std.
PRO STÜCK 60 kcal

ZUTATEN für 36 Sterne
1/2 l Sauerkirschsaft (Fertigprodukt)
1/2 l exotischer Fruchtsaft (Fertigprodukt; oder frisch gepresster Orangensaft)
500 g Gelierzucker 1 : 3
1 Vanilleschote
8 Blatt weiße Gelatine
Stern-Ausstechform (ca. 3 cm)
grober Zucker zum Bestreuen

1 Die Säfte jeweils in einen separaten Topf gießen und je 250 g Gelierzucker dazugeben. Die Vanilleschote halbieren und je eine Hälfte zu den Säften geben. Je 4 Blatt Gelatine getrennt in kaltem Wasser einweichen.

2 Den Sauerkirschsaft mit Gelierzucker und Vanilleschote unter Rühren aufkochen und ca. 5 Min. köcheln lassen. 4 Blatt Gelatine tropfnass dazugeben und darin auflösen. Die Vanilleschote entfernen. Eine rechteckige Schale (ca. 12 x 22 cm) kalt ausspülen. Den Saft in die Schale gießen und im Kühlschrank in ca. 2 Std. fest werden lassen.

3 Den exotischen Fruchtsaft mit Gelierzucker und Vanilleschote unter Rühren aufkochen und ca. 5 Min. köcheln lassen. Die übrige Gelatine tropfnass dazugeben und darin auflösen. Die Vanilleschote entfernen. Eine rechteckige Schale (ca. 12 x 22 cm) kalt ausspülen. Den Saft in die Schale gießen und im Kühlschrank in ca. 2 Std. fest werden lassen.

4 Mit der Ausstechform aus den beiden Geleesorten jeweils 18 Sterne ausstechen. Die Sterne mit grobem Zucker bestreuen.

Tipp für Vanillezucker

Mit den entfernten Vanilleschoten können Sie Vanillezucker herstellen. Die Vanilleschoten gut waschen und trocknen lassen. Die Schoten längs aufschlitzen und das Mark herauskratzen. Mit Schoten und Zucker nach Belieben in ein verschließbares Glas geben.

im Bild Bunte Konfektmischung

Bunte Konfektmischung

ganz einfach

ZUBEREITUNG 1 Std. 30 Min.
KÜHLEN 1 Std.
PRO STÜCK 90 kcal

ZUTATEN für ca. 36 Stück

Für das Limetten-Kokos-Konfekt:
1 Limette | 25 g Zitronat
100 g Marzipanrohmasse
40 g Puderzucker
40 g Kokosraspel

Für die Marzipanfrüchte:
200 g Marzipanrohmasse
75 g Puderzucker
1 EL Himbeersirup
rote Speisefarbe
Zucker zum Bestreuen
6 Pistazienkerne | 6 Nelken

Für die Schokokugeln:
50 g Amarettini (italienisches Mandelgebäck)
100 g Vollmilchkuvertüre
2 EL Sahne | 2 EL Puderzucker

1 Für das Limetten-Kokos-Konfekt die Limette heiß waschen und abtrocknen, 1 TL Schale abreiben und 1 EL Saft auspressen. Das Zitronat im Blitzhacker fein hacken. Marzipanrohmasse mit Puderzucker verkneten. Limettensaft und -schale, Zitronat und 25 g Kokosraspel unterkneten. Aus der Masse 12 Kugeln formen und in den übrigen Kokosraspeln wälzen.

2 Für die Marzipanfrüchte die Marzipanrohmasse mit Puderzucker, Himbeersirup und 2–3 Tropfen roter Speisefarbe verkneten, bis die Masse gleichmäßig gefärbt ist. Aus der Masse 6 kleine Äpfel und 6 Erdbeeren formen. Etwas Wasser mit 2 Tropfen roter Speisefarbe verrühren. Die Früchte damit einpinseln. Die Erdbeeren mit Zucker bestreuen und als Stängel je 1 Pistazienkern hineinstecken. Je 1 Nelke als Stängel in die Marzipanäpfel stecken. Die Früchte trocknen lassen.

3 Für die Schokokugeln die Amarettini in einen Gefrierbeutel geben und mit dem Nudelholz fein zerbröseln. Die Kuvertüre in Stücke schneiden und mit der Sahne in einem kleinen Topf bei kleiner Hitze schmelzen lassen. Die Amarettinibrösel unterrühren. Die Masse 1 Std. kalt stellen. Aus der kalten Masse 12 gleich große Kugeln formen und in Puderzucker wälzen.

Verpackungs-Tipp

Zum Verschenken das Konfekt in Papiermanschetten setzen. Eine Pralinenschachtel oder Dose mit Seidenpapier ausschlagen und das Konfekt hineinsetzen.

im Bild links Geleesterne ◆ *im Bild rechts* Fruchtlollis

1 Die Kuvertüre in Stücke brechen, in eine Schüssel geben und nach Belieben mit Kokosfett über dem heißen Wasserbad schmelzen, dann leicht abkühlen lassen. Die Butter und den Puderzucker mit den Schneebesen des Handrührgeräts zu einer glatten, cremigen Masse verrühren. Die geschmolzene Schokolade dazugeben und unterrühren. Nach und nach den Champagner unterrühren. Die Pralinenmasse zugedeckt 3 Std. in den Kühlschrank stellen.

2 Das Backblech oder eine flache Platte mit Klarsichtfolie auslegen. Die Pralinenmasse in einen Einwegspritzbeutel füllen und ein großes Loch (ca. 1 cm) einschneiden. Dann 24 gleich große Tupfen auf das Blech oder die Platte spritzen und ca. 12 Std. (am besten über Nacht) kühl stellen.

3 Am nächsten Tag die Tupfen mit den Händen rasch zu Kugeln formen. Die Trüffel in Puderzucker wälzen, in Pralinenförmchen setzen und kühl aufbewahren. Halten siche mindestens 2 Wochen.

Champagnertrüffel

ganz einfach

ZUBEREITUNG 45 Min.
KÜHLEN 15 Std.
PRO STÜCK 65 kcal

ZUTATEN für ca. 24 Stück
100 g weiße Kuvertüre
20 Kokosfett (nach Belieben)
75 g weiche Butter
75 g Puderzucker
75 ml trockener Champagner
Puderzucker zum Bestäuben
24 Pralinenförmchen

VARIANTEN

Mit Schokoladenüberzug

50 g weiße Kuvertüre in einer Schüssel über dem heißen Wasserbad schmelzen lassen. Ein feinmaschiges Kuchen- oder Pralinengitter auf Backpapier stellen. Die Trüffel mit einer Gabel einzeln in die Kuvertüre tauchen, etwas abtropfen lassen und auf das Gitter legen. Dann kurz trocknen lassen. Die Pralinen mit einer Pralinengabel auf dem Gitter etwas drehen, damit das typische Pralinenmuster entsteht. Auf ein mit Klarsichtfolie ausgelegtes Blech setzen und kühl stellen. Dann die Pralinen in Papiermanschetten setzen.

Dunkle Champagnertrüffel

100 g Zartbitterschokolade in Stücke brechen und in einer Schüssel über dem heißen Wasserbad schmelzen lassen. 75 g Butter und 60 g Puderzucker dazugeben und mit den Schneebesen des Handrührgeräts zu einer cremigen Masse verrühren. Nach und nach den Champagner unterrühren und zugedeckt ca. 2 Std. kühl stellen. Die Pralinen wie beschrieben fertigstellen und in Schokoladen- oder Kakaopulver wälzen.

im Bild links Schokoladentrüffel ◆ *Mitte* Dunkle Champagnertrüffel ◆ *rechts* Champagnertrüffel

Schokoladentrüffel

für Naschkatzen

ZUBEREITUNG 45 Min.
KÜHLEN 14 Std.
PRO STÜCK 65 kcal

ZUTATEN für ca. 40 Stück
200 g Zartbitterkuvertüre | 50 g Vollmilchschokolade
1/2 Vanilleschote | 150 g Sahne
75 g feiner Zucker | 50 g Butter
Schokoladenpulver und Zucker zum Wälzen

1 Zartbitterkuvertüre und Vollmilchschokolade in kleine Stücke brechen. Die Vanilleschote längs aufschlitzen, das Mark mit einem Messer herauskratzen. Mit Sahne und Zucker in einem Topf erhitzen. Schokoladenstücke und Butter dazugeben und unter Rühren bei kleiner Hitze schmelzen lassen. Die Masse zugedeckt ca. 12 Std. (am besten über Nacht) in den Kühlschrank stellen.

2 Am nächsten Tag die Schokomasse mit dem Schneebesen aufschlagen, in einen Spritzbeutel mit Lochtülle (ca. 0,5–0,7 cm) füllen. Aus der Masse 40 Tupfen auf ein mit Klarsichtfolie ausgelegtes Blech oder eine Platte spritzen. Die Tupfen ca. 2 Std. kühl stellen.

3 Die Tupfen rasch zu Kugeln formen. Die Hälfte der Kugeln in Schokoladenpulver, die andere Hälfte in Zucker wälzen. Die Trüffel kühl aufbewahren. Halten sich mindestens 2 Wochen.

VARIANTEN

Gefüllte Trüffel

Die Trüffel wie beschrieben zubereiten und zu Kugeln formen. 3–4 kandierte Ingwerstücke klein würfeln. In jede Kugel ein Ingwerwürfelchen drücken.

Espresso- oder Zimttrüffel

Die Schokoladenmasse wie beschrieben zubereiten. 100 g Amarettini in einem Gefrierbeutel fein zerbröseln. Mit 2 TL Instant-Espressopulver oder 1/4 TL Zimtpulver und 1 EL Kaffeelikör unter die warme Schokomasse rühren. Die Masse über Nacht kühl stellen, dann zu gleich großen Kugeln formen. 50 g gut gekühlte Zartbitterkuvertüre nicht zu fein reiben. Die Kugeln darin wälzen. Die Trüffel kühl aufbewahren.

Aromatisierte Trüffel

Die Schokoladentrüffel können Sie beliebig aromatisieren. Unter die abgekühlte Schokoladenmasse nach Belieben 1 EL Kirschwasser, Birnengeist, Whisky, Rum, Orangenlikör oder Aprikosenlikör rühren.

Krokanttrüffel

3 EL Puderzucker in einer Pfanne schmelzen lassen, 100 g geschälte, gehackte Mandeln dazugeben und rühren, bis die Mandeln mit dem Karamell überzogen sind. Die Krokantmasse abkühlen lassen. In einen Gefrierbeutel füllen und mit dem Nudelholz zerkleinern. Die Hälfte unter die vorbereitete, noch warme Schokomasse rühren. Die Masse über Nacht kühl stellen, dann zu gleich großen Kugeln formen und in dem restlichen Krokant wälzen.

Nougat-Marzipan-Pralinen

feinstes Naschwerk

ZUBEREITUNG 1 Std.
KÜHLEN 20 Min.
PRO STÜCK 60 kcal

ZUTATEN für ca. 60 Stück
1 Bio-Orange
2 EL Zucker
400 g Marzipanrohmasse
150 g Puderzucker
100 g Nuss-Nougat (aus dem Backregal)
100 g Zartbitterkuvertüre
50 g Vollmilchkuvertüre
1 TL neutrales Öl

1 Die Orange heiß waschen und abtrocknen. Die Schale fein abreiben, mit dem Zucker mischen und gleichmäßig auf zwei Schälchen verteilen. 1 EL Orangensaft auspressen. Mit Marzipanrohmasse und Puderzucker verkneten. Die Masse zwischen Klarsichtfolie zu einem Rechteck (ca. 20 x 30 cm) ausrollen. Die Folie entfernen. Dann das Marzipanrechteck in ca. 5 x 10 cm große Streifen schneiden. Das Nuss-Nougat längs in 0,5 cm dicke Streifen schneiden, die Streifen längs halbieren.

2 Die Marzipanstreifen mit der Hälfte vom Orangenzucker bestreuen. Jeweils einen Nougatstreifen darauflegen und mit dem Marzipanstreifen umhüllen. Dann ca. 20 Min. in den Kühlschrank legen.

3 Zartbitter- und Vollmilchkuvertüre in Stücke brechen. Die Kuvertüre mit dem Öl in eine Schüssel geben und über dem heißen Wasserbad schmelzen lassen.

4 Ein Kuchen- oder Pralinengitter auf Backpapier stellen. Die Marzipanrollen vierteln. Die Viertel mit zwei Holzstäbchen oder einer Pralinengabel in die Kuvertüre tauchen, auf dem Gitter abtropfen lassen. Die Kuvertüre mit restlichem Orangenzucker bestreuen und trocknen lassen. Die Pralinen kühl aufbewahren.

Verpackungs-Tipp

Zum Verschenken die Pralinen in Papiermanschetten setzen. Ein Kästchen oder herzförmige Schachtel mit buntem Seidenpapier ausschlagen und die Pralinen hineinsetzen. In durchsichtige Geschenkfolie wickeln und mit einem passenden Geschenkband schmücken.

Ananas-Marzipan-Herzen

für Marzipanfans

ZUBEREITUNG 1 Std.
KÜHLEN 30 Min.
PRO STÜCK 70 kcal

ZUTATEN für ca. 30 Stück
75 g kandierte Ananas
200 g Marzipanrohmasse | 50 g Puderzucker
50 g geschälte gemahlene Mandeln
1 kräftige Prise Spekulatiusgewürz
2 EL Rum (nach Belieben)
100 g Vollmilch-Schokoladenglasur
Herz-Ausstechform (ca. 3 cm)

1 50 g kandierte Ananas im Blitzhacker fein hacken. Mit Marzipanrohmasse, Puderzucker, Mandeln, Spekulatiusgewürz und nach Belieben mit Rum verkneten.

2 Die Marzipanmasse zwischen Klarsichtfolie ca. 1 cm dick ausrollen. Mit der Ausstechform 30 Herzen ausstechen und auf eine mit Klarsichtfolie ausgelegte Platte legen. Die Marzipanherzen ca. 30 Min. in den Kühlschrank stellen.

3 Die Schokoladenglasur nach Packungsangabe über dem heißen Wasserbad schmelzen lassen. Die Herzen mit einer Gabel oder Pralinengabel in die Schokolade tauchen und auf ein Kuchengitter legen. Übrige kandierte Ananas in Streifen schneiden. Die Herzen mit den Ananasstreifen verzieren und die Schokolade trocknen lassen.

4 Die Herzen zwischen Klarsichtfolie oder Butterbrotpapier in eine verschließbare Dose schichten und kühl aufbewahren.

Austausch-Tipp

Die Herzen statt mit dunkler Schokoladenglasur mit weißer Schokoladenglasur überziehen. Die Ananasstreifen weglassen und die Herzen mit kandierten Veilchen oder kandierten Rosenblättern aus dem Backregal oder Pralinengeschäft verzieren.

im Bild links Nougat-Marzipan-Pralinen ◆ *im Bild rechts* Ananas-Marzipan-Herzen

Heimischer Hüttenzauber

Auf netteste Art Advent feiern

Wenn es draußen stürmt und bitterkalt ist, kann man es sich drinnen so richtig gemütlich machen – mit warmem Kerzenlicht, molliger Wärme und vor allem **mit lieben Menschen.** Es wird viel geredet und gelacht, und die Zeit vergeht wie im Flug. Und wenn es dann noch dampfend heißen Rotweinpunsch nach altem Familienrezept, Knusper-Grissini, **herrlich duftende Bratäpfel** oder auch selbst gemachte Parmesan-Chips oder Salzstangen gibt, will garantiert keiner so schnell wieder gehen.

Schokoladen-Kaffee

mit einem kräftigen Schuss

ZUBEREITUNG 10 Min.
PRO GLAS 290 kcal

ZUTATEN für 4 Gläser
100 g Vollmilchschokolade
400 ml Milch
2 EL Zucker oder Honig
1/4 l frisch gekochter Kaffee
4 EL weißer Rum (nach Belieben)
Kakaopulver zum Bestäuben

1 Die Schokolade fein reiben, mit 1/4 l Milch in einen Topf geben und unter Rühren bei mittlerer Hitze erhitzen, bis sich die Schokolade aufgelöst hat.

2 Den Zucker oder den Honig und den frisch gekochten Kaffee dazugeben und unter die Schokoladenmilch rühren. Die restliche Milch in einem Topf erhitzen, aber nicht kochen lassen. Die Milch mit dem Milchschäumer oder dem Handrührgerät aufschäumen. Nach Belieben den Rum unter die Schokoladenmilch rühren.

3 Den Schokoladen-Kaffee in hitzebeständige Gläser oder Tassen füllen. Etwas Milchschaum daraufgeben. Den Milchschaum mit Kakaopulver bestäuben. Sofort heiß servieren.

Latte macchiato

ein wohlig heißes Vergnügen

ZUBEREITUNG 10 Min.
PRO GLAS 110 kcal

ZUTATEN für 4 Gläser
1/2 l Milch
Karamell- oder Vanillesirup (nach Belieben; Fertigprodukte)
220 ml frisch gekochter Espresso
3–TL Zucker

1 Die Milch in einen kleinen Topf geben und nach Belieben mit Karamell- oder Vanillesirup erhitzen. Den frisch gekochten Espresso mit dem Zucker verrühren.

2 Die heiße Milch in hohe hitzebeständige Gläser füllen und mit dem Milchschäumer aufschäumen. Den Espresso dekorativ in die Milch gießen und sofort servieren.

VARIANTEN

Caffè latte

Für 4 Tassen einen Espresso zubereiten und in 4 vorgewärmte Milchkaffeetassen laufen lassen. 800 ml Milch erhitzen (nicht aufschäumen) und zum Espresso in die Tassen gießen. Für einen Caffè latte doppio jeweils 110 ml Espresso in die Tassen gießen und mit der heißen Milch aufgießen.

Cappuccino

Für 4 Tassen einen Espresso zubereiten. 300 ml Milch erhitzen (nicht kochen lassen). Die Hälfte der Milch mit dem Milchschäumer aufschäumen. Den Espresso in die Tassen füllen, die heiße Milch dazugießen und den Milchschaum obendrauf geben.

im Bild links Latte macchiato ◆ *im Bild rechts* Schokoladen-Kaffee

Weiße Schokomilch

herrlich süß und cremig

ZUBEREITUNG 10 Min.
ZIEHEN 15 Min.
PRO GLAS 270 kcal

ZUTATEN für 4 Gläser
600 ml Milch
2 EL Kaffeebohnen
100 g weiße Schokolade
2 TL Puderzucker
1 EL Kaffeelikör (nach Belieben)
Schokoladenspäne zum Bestreuen

1 Die Milch und Kaffeebohnen in einen Topf geben, bei mittlerer Hitze erhitzen und ca. 15 Min. ziehen lassen.

2 Inzwischen die weiße Schokolade grob hacken. Die Kaffeemilch durch ein Sieb in einen Topf gießen. Die Schokolade und den Puderzucker dazugeben. Die Schokolade bei kleiner Hitze unter Rühren schmelzen lassen. Nach Belieben den Kaffeelikör unterrühren.

3 Die Schokomilch mit dem Milchschäumer oder dem Handrührgerät aufschäumen und in hitzebeständige Gläser füllen. Mit Schokoladenspänen bestreuen und sofort servieren.

Cremige Gewürzschokolade

mit feuriger Note

ZUBEREITUNG 15 Min.
ZIEHEN 15 Min.
PRO TASSE 450 kcal

ZUTATEN für 4 Tassen
3 Kardamomkapseln
3/4 l Milch
1 Stange Zimt
1 kräftige Prise Chilipulver
2 Nelken
200 g Zartbitterschokolade
100 g Sahne | 1 TL Zucker
Schokoladenpulver zum Bestäuben

1 Die Kardamomkapseln im Mörser oder mit einem Messer leicht zerdrücken. Mit der Milch, der Zimtstange, dem Chilipulver und den Nelken in einen Topf geben, aufkochen und ca. 15 Min. ziehen lassen.

2 Inzwischen die Schokolade grob hacken. Die Milch durch ein Sieb in einen Topf gießen, nochmals erhitzen und die Schokolade darin schmelzen lassen.

3 Die Sahne steif schlagen und den Zucker unterrühren. Die Gewürzschokolade in vorgewärmte Tassen gießen, jeweils einen Klecks Sahne daraufgeben und mit Schokoladenpulver bestäuben.

im Bild links Weiße Schokomilch ◆ *im Bild rechts* Cremige Gewürzschokolade

Rotweinpunsch

ein altes Familienrezept

ZUBEREITUNG 20 Min.
ZIEHEN 3 Std.
PRO GLAS 330 kcal

ZUTATEN für 8 Gläser
2 Zitronen
3 Orangen
200 g Zucker
1 Stange Zimt
3–4 Nelken
1,25 l Rotwein
2 TL schwarzer Tee
1/4 l Rum (oder Cognac)

1 Den Saft der Zitronen und Orangen auspressen und in einen großen Topf geben. Den Zucker, die Zimtstange, die Nelken und 1/4 l Rotwein dazugeben und die Mischung zugedeckt ca. 3 Std. ziehen lassen.

2 1 l Wasser aufkochen lassen. Den Tee damit überbrühen und ca. 5 Min. ziehen lassen. Dann den Tee durch ein Sieb in den Topf mit der Saft-Gewürz-Mischung gießen. Den restlichen Rotwein ebenfalls dazugießen.

3 Alles langsam bei kleiner Hitze erhitzen, bis sich der Zucker gelöst hat. Die Mischung sollte möglichst nicht kochen. Die Gewürze entfernen und den Rum unterrühren. Den heißen Punsch in hitzebeständige Gläser füllen und sofort servieren.

VARIANTEN

Glühwein ohne Alkohol

3/4 l frisch gebrühten, roten Früchtetee mit 3/4 l rotem Johannisbeersaft und 1/4 l frisch gepresstem Orangensaft in einen Topf geben. Mit 1 Stange Zimt, 2 Nelken und 2 EL Honig aufkochen und 8–10 Min. köcheln lassen. Sofort heiß servieren.

Feuerzangenbowle

Den Saft von 1 Zitrone und 2 Orangen auspressen und beide Zitrussäfte in einen Topf geben. 1 Zimtstange, 4 Nelken und 1,5 l Rotwein dazugeben und alles leicht erhitzen. Die Mischung in einen Feuerzangenbowlentopf umfüllen und die Gewürze entfernen. 1 Zuckerhut auf den Halter über den Topf legen, mit 50 ml Rum (54 vol.%) tränken und anzünden. Mit einer Schöpfkelle nach und nach noch 200 ml Rum über den Zuckerhut gießen, bis er ganz geschmolzen ist. Die heiße Bowle umrühren und in hitzebeständige Gläser füllen. Sofort heiß servieren.

Apfelpunsch

heißes Apfelvergnügen

ZUBEREITUNG 15 Min.
PRO GLAS 205 kcal

ZUTATEN für 8 Gläser
2 Zitronen
2 Äpfel (z. B. Elstar)
2 EL Honig
3 Kardamomkapseln
3 Sternanise
1,5 l Apfelsaft
200 ml Calvados

1 Den Saft der Zitronen auspressen. Die Äpfel schälen und das Kerngehäuse entfernen. Die Äpfel in kleine Würfel schneiden und sofort mit dem Zitronensaft beträufeln und mischen.

2 Die Apfelwürfel mit dem Honig in einen Topf geben. Die Kardamomkapseln in einem Mörser oder mit einem Messer leicht zerdrücken. Mit Sternanis und 300 ml Apfelsaft zu den Apfelwürfeln geben. Alles langsam bei kleiner Hitze aufkochen und 6–8 Min. köcheln lassen.

3 Dann die Mischung durch ein Sieb in einen Topf gießen. Die Flüssigkeit mit dem übrigen Apfelsaft und Calvados auffüllen und bei mittlerer Hitze ca. 5 Min. ziehen lassen.

4 Nach Belieben die mitgekochten und abgetropften Apfelstückchen in hitzebeständige Gläser füllen. Den heißen Punsch dazugießen und sofort servieren.

Cranberry-Holunder-Punsch

ganz ohne Alkohol

ZUBEREITUNG 20 Min.
PRO GLAS 120 kcal

ZUTATEN für 8 Gläser
2 Bio-Orangen
2 Beutel Früchtetee
50 g Rohrzucker
1/2 l Holundersaft
(oder Johannisbeersaft)
3/4 l Cranberrysaft
2 Stangen Zimt
4 Nelken

1 Die Orangen heiß waschen, abtrocknen und in dünne Scheiben schneiden. Die Orangenscheiben halbieren.

2 Den Früchtetee mit 300 ml kochendem Wasser überbrühen. Mit dem Rohrzucker, dem Holunder- und Cranberrysaft, der Zimtstange, den Nelken und den Orangenscheiben in einen Topf geben. Alles kurz aufkochen und auf der ausgeschalteten Herdplatte ca. 15 Min. ziehen lassen. Die Gewürze entfernen.

3 Die Orangenscheiben in die Gläser geben. Den heißen Punsch darübergießen und sofort servieren.

Eierlikörpunsch

supereinfach

ZUBEREITUNG 10 Min.
PRO GLAS 230 kcal

ZUTATEN für 8 Gläser
200 g Sahne
1 kräftige Prise
Spekulatiusgewürz
800 ml Milch
3 EL Waldhonig
200 ml Eierlikör

1 Die Sahne mit dem Spekulatiusgewürz steif schlagen. Die Milch mit dem Honig in einem Topf unter Rühren erhitzen. Den Eierlikör unterrühren.

2 Heiße Eierlikörmilch in hitzebeständige Gläser füllen. Die Sahne obendrauf geben und servieren.

im Bild links Apfelpunsch
im Bild rechts Cranberry-Holunder-Punsch

Haselnussbrote

gelingen leicht

ZUBEREITUNG 30 Min.
BACKEN 30 Min.
PRO STÜCK 50 kcal

ZUTATEN für ca. 60 Stück
200 g Haselnusskerne
1 Bio-Zitrone | 2 Eier | 150 g Zucker
1 Päckchen Vanillezucker | 250 g Mehl

1 Backofen auf 200° (Umluft 180°) vorheizen. Zwei Backbleche mit Backpapier auslegen. Die Haselnusskerne auf dem Blech verteilen und im Backofen (Mitte) ca. 10 Min. rösten. Die Nüsse in ein Küchenhandtuch geben. Das Tuch fest zusammendrehen und die Nüsse mit dem Tuch kräftig reiben, bis die braune Haut der Nüsse fast abgerubbelt ist. Dann abkühlen lassen.

2 Die Zitrone heiß waschen, abtrocknen und 1 TL Schale fein abreiben. Die Eier mit dem Zucker und dem Vanillezucker mit den Schneebesen des Handrührgeräts cremig rühren. Zitronenschale, Mehl und Haselnusskerne dazugeben und unterkneten. Den Teig in fünf gleich große Portionen teilen und jeweils auf einer bemehlten Arbeitsfläche zu ca. 15 cm langen Rollen formen.

3 Den Backofen auf 180° (Umluft 160°) vorheizen. Die Rollen im Abstand von ca. 5 cm auf das Blech legen. Im Backofen (Mitte) 18–20 Min. backen. Die Rollen herausnehmen und leicht abkühlen lassen, in ca. 2 cm dicke Scheiben schneiden und auf das Backblech legen. Dann im Backofen bei 160° (Mitte, Umluft 140°) in ca. 10 Min. trocknen lassen.

4 Die Haselnussbrote herausnehmen, abkühlen lassen und zum Aufbewahren in eine gut verschließbare Gebäckdose füllen.

Aufbewahrungs-Tipp

1 Stück Apfel in Klarsichtfolie wickeln und mit in die Gebäckdose geben, damit die Haselnussbrote nicht zu hart werden. So halten sie sich 4–5 Wochen.

Schoko-Mandelbrote

gut vorzubereiten

ZUBEREITUNG 45 Min.
BACKEN 30 Min.
PRO STÜCK 60 kcal

ZUTATEN für ca. 60 Stück
50 g Zartbitterschokolade | 1 TL Instant-Espressopulver
30 g Butter | 1 TL Kakaopulver
1/2 TL Lebkuchengewürz | 250 g Mehl | 1 TL Backpulver
175 g Zucker | 2 Eier | 200 g Mandeln

1 Die Schokolade in Stücke brechen und in eine Schüssel geben. Mit Espressopulver und Butter über dem heißen Wasserbad schmelzen lassen. Das Kakaopulver und Lebkuchengewürz unterrühren.

2 Mehl, Backpulver und Zucker auf eine Arbeitsfläche häufen. In die Mitte eine Mulde drücken. Eier und Schokoladenmasse in die Mulde geben. Alles mit einem großen Messer fein hacken und rasch zu einem glatten Teig verarbeiten. Die ganzen Mandeln unterkneten. Den Teig in fünf gleich große Portionen teilen, jeweils in ca. 15 cm lange Rollen formen.

3 Ofen auf 200° (Umluft 180°) vorheizen. Zwei Bleche mit Backpapier auslegen. Die Teigrollen im Abstand von ca. 5 cm auf ein Blech legen. Im Ofen (Mitte) ca. 15 Min. backen. Rollen herausnehmen, etwas abkühlen lassen, schräg in ca. 2 cm dicke Scheiben schneiden und auf das Blech legen. Im Backofen bei 160° (Mitte, Umluft 140°) ca. 15 Min. trocknen lassen. Herausnehmen, abkühlen lassen und in einer Gebäckdose aufbewahren.

im Bild links Haselnussbrote ◆ *im Bild rechts* Schoko-Mandelbrote

Knusper-Grissini

schokoladiges Knuspervergnügen

ZUBEREITUNG 45 Min.
GEHEN 30 Min.
BACKEN 12 Min.
PRO STÜCK 60 kcal.

ZUTATEN für ca. 40 Stück
250 g Dinkelmehl (Type 603)
1 Prise Salz
1 Päckchen Trockenhefe
40 g + 1 EL Puderzucker
1 Päckchen Vanillezucker
1/4 TL Zimtpulver
100 ml Milch
25 g Butter
50 g gehackte Mandeln
100 g Zartbitterkuvertüre
50 g Vollmilchkuvertüre
1 TL neutrales ÖL

1 Das Dinkelmehl mit Salz, Trockenhefe, 40 g Puderzucker, Vanillezucker und Zimtpulver in eine Schüssel geben und mischen. Die Milch mit der Butter in einem kleinen Topf erwärmen. Die Milch zur Mehlmischung geben und alles rasch zu einem glatten festen Teig verkneten. Den Teig zugedeckt an einem warmen Ort ca. 30 Min. gehen lassen.

2 Den Backofen auf 220° (Umluft 200°) vorheizen. Das Backblech mit Backpapier auslegen. Den Hefeteig auf einer bemehlten Arbeitsfläche nochmals durchkneten, halbieren und die Hälften zu ca. 30 cm langen Rollen formen. Jede Rolle in 20 Scheiben schneiden.

3 Die Scheiben zwischen den Händen zu 10–12 cm langen Stangen rollen und diese auf das Backblech legen. Im Backofen (Mitte, Umluft 200°) in 10–12 Min. knusprig braun backen. Die Stangen herausnehmen, mit dem Backpapier vom Blech ziehen und abkühlen lassen.

4 Die gehackten Mandeln mit übrigem Puderzucker mischen. Die Mischung in eine Pfanne geben und unter gelegentlichem Rühren goldbraun rösten. Beide Kuvertüren in Stücke brechen, in eine Schüssel geben und mit dem Öl über dem heißen Wasserbad schmelzen lassen.

5 Die Grissini zu einem Drittel mit Schokolade bestreichen und mit gerösteten Mandeln bestreuen.

Austausch-Tipp

Die Grissini mit Schokolade bestreichen und statt mit Mandeln mit Kokosraspeln, Haselnussblättchen oder gehackten Pistazien bestreuen. Oder 2 EL geschälte Sesamsamen mit 1 EL Puderzucker in einer Pfanne unter Rühren leicht karamellisieren und abkühlen lassen. 100 g Puderzucker mit 1 EL Zitronensaft und 2 EL Wasser glatt rühren. Grissini zur Hälfte mit Glasur bestreichen und mit den Sesamsamen bestreuen.

Bratapfeltörtchen

fruchtige Überraschung für Gäste

ZUBEREITUNG 30 Min.
BACKEN 25 Min.
PRO STÜCK 320 kcal

ZUTATEN für 6 Stück
6 mittelgroße Äpfel (z. B. Elstar)
3 EL Butter (ca. 60 g)
2 Eier | 1 Prise Salz | 75 g Zucker
1 Päckchen Vanillezucker | 2 Prisen Anispulver
2 EL Vanillepuddingpulver (zum Kochen)
1 TL Speisestärke
Für die Apfelsauce:
1 EL frisch gepresster Zitronensaft
3 Kardamomkapseln
50 g Zucker | 400 ml Apfelsaft
2 Sternanis | 1 TL Speisestärke
1 EL Calvados (nach Belieben)

1 Die Äpfel waschen, abtrocknen, das obere Viertel quer abschneiden und beiseitelegen. Die Äpfel mit dem Kugelausstecher großzügig aushöhlen, dabei einen ca. 1 cm breiten Rand stehen lassen. Die Butter in einem kleinen Topf schmelzen lassen. Eine Auflaufform (ca. 22 x 30 cm) mit 1 EL Butter einfetten. Die Äpfel in die Form setzen und rundum mit 1 EL Butter bestreichen. Den Backofen auf 180° (Umluft 160°) vorheizen. Die Eier trennen.

2 Die Eiweiße mit Salz steif schlagen. Den Zucker unter Rühren einrieseln lassen. Die Eigelbe, den Vanillezucker und das Anispulver dazugeben und unterrühren. Das Puddingpulver mit der Speisestärke mischen und unter den Teig rühren. Die restliche Butter locker unterheben. Die Äpfel mit dem Teig füllen. Im Backofen (Mitte) 20–25 Min. backen.

3 Die beiseitegelegten Apfelstücke schälen, klein würfeln und mit 1 EL Zitronensaft mischen. Die Kardamomkapseln leicht zerdrücken. Den Zucker in einem Topf schmelzen lassen, den Apfelsaft dazugießen und so lange rühren, bis sich der Zucker gelöst hat. Kardamom und Sternanis hinzufügen und die Flüssigkeit bei mittlerer Hitze in ca. 5 Min. einkochen lassen. Die Gewürze entfernen, die Apfelwürfel in die Flüssigkeit geben und alles aufkochen lassen. 1 TL Speisestärke mit etwas Wasser glatt rühren und in die kochende Flüssigkeit rühren. Nach Belieben den Calvados unterrühren. Die Bratapfeltörtchen mit der Apfelsauce anrichten.

Bratäpfel mit Schokofüllung

winterliche Verführer

ZUBEREITUNG 30 Min.
BACKEN 35 Min.
PRO STÜCK 470 kcal

ZUTATEN für 4 Stück
4 große Äpfel (z. B. Boskop oder Elstar)
1 EL Butter | 200 ml Apfelsaft
100 g weiße Crisp-Schokolade
100 g Sahne | 1 EL Honig
1/2 TL Lebkuchengewürz
50 g gemahlene geschälte Mandeln
2 EL getrocknete Cranberrys
30 g Mandelstifte

1 Die Äpfel waschen, abtrocknen und jeweils einen Deckel abschneiden. Die Äpfel mit dem Kugelausstecher großzügig aushöhlen. Die Butter schmelzen lassen. Die Äpfel und Deckel mit Butter bestreichen. Die Äpfel in eine Auflaufform setzen, die Deckel mit in die Form geben. Den Apfelsaft in die Form gießen. Den Backofen auf 180° (Umluft 160°) vorheizen.

2 Die Schokolade grob hacken. Die Sahne mit dem Honig und dem Lebkuchengewürz in einem Topf erhitzen und die Schokolade darin schmelzen lassen. Den Topf vom Herd nehmen. Die gemahlenen Mandeln, Cranberrys und Mandelstifte zur Schokosahne geben und unterrühren. Die Äpfel damit füllen. Im Backofen (Mitte) 25–30 Min. backen. Die Deckel locker auf die Bratäpfel legen. Sofort servieren.

UND DAZU?

Eierlikörsahne

250 g Sahne steif schlagen. 1/2 Vanilleschote aufschlitzen und das Mark mit einem kleinen Messer herauskratzen. Das Vanillemark und 2 EL Eierlikör dazugeben und unter die Sahne rühren.

Vanillesahne

250 g Sahne steif schlagen. 1/2 Vanilleschote aufschlitzen und das Mark mit einem kleinen Messer herauskratzen. Das Vanillemark und 1 EL Puderzucker dazugeben und unter die Sahne rühren.

Bild links oben Bratapfeltörtchen ◆ *Bild rechts oben* Bratäpfel mit Schokofüllung

Zimtwaffeln

fein gewürzt

ZUBEREITUNG 45 Min.
PRO STÜCK 150 kcal

ZUTATEN für ca. 24 Stück
1 Bio-Orange
1 EL Honig
1 TL Zimtpulver
1 kräftige Prise gemahlene Nelken
1 kräftige Prise gemahlener Anis
200 g weiche Butter
150 g Puderzucker
4 Eier
1 Prise Salz
175 g Mehl
75 g Speisestärke
Butterschmalz oder Öl für das Waffeleisen
Puderzucker zum Bestäuben

1 Orange heiß waschen und abtrocknen, 1 TL Schale fein abreiben und den Saft auspressen. Orangensaft und -schale mit Honig, Zimt-, Nelken- und Anispulver in einen Topf geben und unter Rühren kurz erhitzen, dann abkühlen lassen.

2 Die Butter und den Puderzucker mit den Schneebesen des Handrührgeräts cremig rühren. Die Eier trennen. Die Eigelbe und die Orangen-Gewürz-Mischung unter die Schaummasse rühren. Die Eiweiße mit dem Salz steif schlagen. Das Mehl und die Speisestärke mischen. Die Mehlmischung unter die Eiermasse rühren. Den Eischnee daraufgeben und locker unterheben.

3 Das Waffeleisen heiß werden lassen. Mit Butterschmalz oder Öl bestreichen. Pro Waffel 1 EL Teig einfüllen, das Waffeleisen schließen und die Waffel in ca. 5 Min. goldbraun backen. Mit dem übrigen Teig genauso verfahren, bis der Teig aufgebraucht ist. Die warmen Waffeln mit Puderzucker bestäuben.

Servier-Tipps

Die Waffeln schmecken mit einer Himbeer-Schoko-Sauce besonders gut. Für die Sauce 300 g TK-Himbeeren mit 2 EL Puderzucker und 2 EL Johannisbeergelee in einem Topf langsam erhitzen und 2 Min. köcheln lassen, dann durch ein Sieb streichen. Das Himbeermark erneut erhitzen und 50 g Schokoraspel unterrühren. Die Waffeln und die Himbeer-Schoko-Sauce schmecken sowohl warm als auch kalt. Und separat verpackt lassen sich die Waffeln und Sauce auch gut mitnehmen.

Austausch-Tipp

Statt der Orangen-Gewürz-Mischung je 20 g Zitronat und Orangeat ganz fein hacken oder im Mixer mit 1 EL Zitronensaft fein pürieren. Den Früchtemix mit je 1 kräftigen Prise Muskatblüte (Macis) und gemahlenem Kardamom würzen und unter den Waffelteig rühren.

Variante für Hörnchenwaffeln

Für den Teig 200 g weiche Butter mit 350 g Zucker, 3 Eiern, 2 TL Zimtpulver und dem Mark von 1 Vanilleschote cremig rühren. 500 g Mehl unterkneten. Aus dem Teig kleine Kugeln formen. Das Hörnchen-Waffeleisen erhitzen. Die Teigkugeln nacheinander in die Mitte des Waffeleisens legen und hauchdünne Hörnchenwaffeln backen. Die Hörnchenwaffeln in eine verschließbare Gebäckdose füllen. So verpackt halten sich die Waffeln 4 Wochen.

Kaiserschmarren

kommt immer wieder gut an

ZUBEREITUNG 30 Min.
PRO PORTION 410 kcal

ZUTATEN für 4 Portionen
120 g Mehl
1/4 l Milch
3 EL Zucker
1 Prise Salz
4 Eier
1 Prise gemahlener Kardamom
1 TL abgeriebene Schale
von 1 Bio-Orange
50 g Butter
30 g Rosinen
Puderzucker zum Bestäuben

1 Das Mehl mit der Milch, 1 EL Zucker und Salz glatt rühren. Die Eier trennen. Die Eigelbe mit dem gemahlenen Kardamom und der Orangenschale unter den Teig rühren. Die Eiweiße steif schlagen, auf den Teig geben und vorsichtig unterheben.

2 Die Butter in einer großen Pfanne schmelzen lassen. Den Teig dazugeben, bei kleiner Hitze kurz anbacken. Den Kaiserschmarren mit Rosinen bestreuen, auf einen Teller gleiten lassen, wenden und fertig backen.

3 Den Kaiserschmarren mit zwei Gabeln in mundgerechte Stücke teilen und im vorgeheizten Backofen bei 100° warm halten. 2 EL Zucker in der Pfanne schmelzen lassen, den Kaiserschmarren dazugeben und unter Rühren leicht karamellisieren lassen. Mit Puderzucker bestreuen und sofort servieren.

UND DAZU?

Apfelkompott

4 Äpfel waschen, schälen, vierteln und jeweils das Kerngehäuse entfernen. Die Apfelviertel in Spalten schneiden. Den Saft von 1 Zitrone auspressen. Mit 200 ml Apfelsaft oder Wasser, 2 EL Rohrzucker, 2 Sternanis, 1/2 Zimtstange in einen Topf geben, aufkochen und ca. 2 Min. köcheln lassen. Die Apfelspalten dazugeben und bei mittlerer Hitze in ca. 5 Min. weich dünsten.

Tipp

Den Backofen auf 180° vorheizen. Den Kaiserschmarren wie beschrieben in einer Pfanne mit hitzebeständigem Griff kurz anbacken und im Backofen in etwa 6–8 Min. fertig backen. Den Kaiserschmarren herausnehmen, in Stücke teilen und wie beschrieben karamellisieren.

Variante

Statt Zucker 2 EL Puderzucker in einer Pfanne schmelzen und 50 g Haselnussblättchen darin leicht karamellisieren lassen. Mit 1 kräftigen Prise Spekulatiusgewürz würzen und unter den fertigen Kaiserschmarren mischen.

Tomatentorteletts

einfach gut

ZUBEREITUNG 45 Min.
BACKEN 25 Min.
PRO STÜCK 345 kcal

ZUTATEN für 6 Stück
Für den Teig:
150 g Mehl | 1/4 TL Salz
75 g Butter | 1 Ei
Für den Belag:
2 Stängel Basilikum
1 Zitrone | 50 g Parmesan
100 g Crème fraîche | Salz
Pfeffer | 12 Kirschtomaten
2 EL Olivenöl
6 Tortelettförmchen (ca. 8–10 cm Ø)
Butter für die Förmchen

1 Die Förmchen mit Butter einfetten. Das Mehl mit dem Salz mischen. Mit Butter in Flöckchen, Ei und 1–2 EL kaltem Wasser auf eine Arbeitsfläche häufen. Alles mit einem großen Messer fein hacken und rasch zu einem glatten Teig verkneten. Den Teig ausrollen, die Förmchen darauflegen und den Teig in der Förmchengröße ausstechen. Den Teig in die Förmchen geben und bis zum Gebrauch in den Kühlschrank stellen.

2 Das Basilikum waschen und trocken schütteln, die Blätter grob hacken. Den Saft der Zitrone auspressen. Den Parmesan reiben. Basilikumblätter mit Zitronensaft und Crème fraîche in eine Rührschüssel geben und mit dem Pürierstab pürieren. Den Parmesan dazugeben und unter die Creme rühren. Mit Salz und Pfeffer würzen.

3 Den Backofen auf 180° vorheizen. Die Kirschtomaten waschen, in Scheiben schneiden und mit dem Olivenöl mischen. Die Basilikumcreme auf den Teig geben und verteilen. Die Tomatenscheiben dachziegelartig darauflegen. Die Torteletts im Backofen (Mitte, Umluft 160°) 20–25 Min. backen.

Variante mit Pesto

Den Teig in den Förmchen mit 2 EL Pesto aus dem Glas bestreichen. Die Tomaten-Olivenöl-Mischung darauf verteilen. 30 g Walnusskerne grob hacken und die Tomaten damit bestreuen. Im vorgeheizten Backofen bei 180° (Mitte, Umluft 160°) 20–25 Min. backen.

Käsepäckchen

fein und schön würzig

ZUBEREITUNG 25 Min.
BACKEN 20 Min.
PRO STÜCK 1095 kcal

ZUTATEN für 8 Stück
30 g Pinienkerne
1 Päckchen Strudelteig
(aus dem Kühlregal; 4 Teigblätter à ca. 120 g)
30 g Butter | 150 g Gorgonzola
200 g mittelalter Gouda-Käse | 2 Eier
150 Ricotta (italienischer Frischkäse) | Salz
1 Prise frisch geriebene Muskatnuss
8 Souffléförmchen
Butter für die Förmchen

1 Die Pinienkerne in einer kleinen Pfanne ohne Fett bei mittlerer Hitze unter Rühren rösten. Die Strudelteigblätter aus der Packung nehmen, auseinanderfalten und aufeinanderlegen. Dann in vier gleich große Stücke teilen.

2 Die Butter in einem kleinen Topf schmelzen lassen. Die Förmchen mit Butter einfetten. Die Teigblätter mit der restlichen Butter bestreichen. Je zwei Teigblätter kreuzweise übereinander in die Förmchen legen.

3 Den Backofen auf 180° (Umluft 160°) vorheizen. Den Gorgonzola mit einer Gabel zerdrücken. Den Gouda nicht zu fein reiben. Eier, Ricotta und Gorgonzola mit den Schneebesen des Handrührgeräts verrühren. Gouda und Pinienkerne dazugeben und unterrühren. Mit Salz und Muskat würzen.

4 Die Käsecreme gleichmäßig auf die Teigblätter verteilen. Den überhängenden Teig jeweils darüber locker zusammendrehen. Die Käsepäckchen im Backofen (Mitte) 15–20 Min. backen. Herausnehmen und warm oder kalt servieren.

Austausch-Tipp

Die Käsepäckchen können Sie auch mit 230 g Blätterteig aus dem Kühlregal zubereiten. Dann die Blätterteigplatte in acht gleich große Stücke schneiden, in die mit Butter gefetteten Förmchen oder Vertiefungen eines Muffinblechs geben. Die Käsecreme einfüllen und die Päckchen wie beschrieben backen.

Käsekekse

mit feinwürzigem Aroma

ZUBEREITUNG 30 Min.
BACKEN 15 Min.
PRO STÜCK 30 kcal

ZUTATEN für ca. 60 Stück
75 g Hartkäse (z. B. Gruyère oder Appenzeller)
175 g Dinkelmehl (Type 630)
1/4 TL Salz
1 kräftige Prise Backpulver
125 g kalte Butter
2 Eigelb
1 rechteckige Ausstechform (ca. 4 x 5 cm)
1 kleiner Holzspieß

1 Den Käse entrinden und fein reiben. Das Mehl mit Salz und Backpulver mischen, auf eine Arbeitsfläche häufen und in die Mitte eine Mulde drücken. Die Butter in Flöckchen, Eigelbe und Käse daraufgeben. Alles mit einem großen Messer hacken und rasch zu einem glatten Teig verkneten.

2 Den Backofen auf 180° (Umluft 160°) vorheizen. Das Backblech mit Backpapier auslegen. Den Teig auf einer bemehlten Arbeitsfläche 4–5 mm dick ausrollen und mit der Ausstechform 60 Rechtecke ausstechen.

3 Mit dem Holzspießchen kleine Löcher einstechen und die Teigrechtecke auf das Blech legen. Im Backofen (Mitte) ca. 15 Min. backen. Die Käsekekse herausnehmen, mit dem Backpapier vom Blech ziehen und abkühlen lassen.

Schnelle Varianten

250 g TK-Blätterteig auftauen lassen. Den Teig zu einem ca. 2 mm dicken Rechteck ausrollen. Eine Teighälfte mit 75 g geriebenem Käse (z. B. Appenzeller) bestreuen, die andere Hälfte darüberschlagen und mit dem Nudelholz festdrücken. Das Teigstück in ca. 2 cm dicke Streifen schneiden und zu Spiralen drehen. Im vorgeheizten Backofen bei 200° (Mitte, Umluft 180°) ca. 10 Min. backen. Oder 250 g aufgetauten Blätterteig ausrollen. 1 Ei verquirlen und den Teig damit bestreichen. Je nach Belieben mit Kümmel, Mohn oder Paprikapulver bestreuen. Mit dem Teigrädchen beliebige Formen (z. B. Stangen, Rauten, Kreise) ausschneiden und auf das Blech legen. Im vorgeheizten Backofen bei 200° (Mitte, Umluft 180°) ca. 10 Min. backen.

im Bild links Käsekekse ◆ *im Bild rechts* Salzstangen

Salzstangen

ein altbewährtes Familienrezept

ZUBEREITUNG 30 Min.
GEHEN 30 Min.
BACKEN 15 Min.
PRO STÜCK 55 kcal

ZUTATEN für ca. 40 Stück
250 g Mehl
1 kräftige Prise Salz
1 Päckchen Trockenhefe
150 g kalte Butter
1 Eigelb | 1 Ei
grobes Meersalz und Kümmel zum Bestreuen

1 Das Mehl mit Salz und Trockenhefe mischen und auf eine Arbeitsfläche häufen. Die Butter in Flöckchen und das Eigelb daraufgeben. Alles mit einem großen Messer fein hacken und rasch zu einem glatten Teig verkneten. Den Teig zugedeckt an einem warmen Ort ca. 30 Min. gehen lassen.

2 Den Backofen auf 180° (Umluft 160°) vorheizen. Das Backblech mit Backpapier auslegen. Den Teig auf einer bemehlten Arbeitsfläche nochmals kneten und ca. 1,5 cm dick ausrollen. Den Hefeteig in ca. 2 x 5 cm lange Streifen schneiden und die Streifen auf das Blech legen.

3 Das Ei verquirlen und die Teigstreifen damit bestreichen, mit Meersalz und Kümmel bestreuen. Im Backofen (Mitte) ca. 15 Min. backen. Die Salzstangen herausnehmen, mit dem Backpapier vom Blech ziehen und abkühlen lassen.

Käse-Nuss-Brezeln

raffiniert

ZUBEREITUNG 30 Min.
BACKEN 18 Min.
PRO STÜCK 110 kcal

ZUTATEN für ca. 20 Stück
50 g Cashewnusskerne | 50 g Emmentaler Käse
200 g Mehl | 1/2 TL Backpulver
1/2 TL Salz | 100 g kalte Butter | 2 Eier | 1 EL Milch
1 EL geschälte Sesamsamen | 1 Brezel-Ausstechform

1 Cashewnusskerne im Blitzhacker fein mahlen. Käse fein reiben. Mehl mit Backpulver und Salz mischen und auf eine Arbeitsfläche häufen. Cashewnüsse und Käse untermischen. Die Butter in Flöckchen dazugeben. 1 Ei trennen und das Eigelb beiseitestellen. Das Eiweiß und das Ei obendrauf geben. Alles mit einem großen Messer fein hacken und rasch zu einem glatten Teig verkneten.

2 Den Ofen auf 180° (Umluft 160°) vorheizen. Das Blech mit Backpapier auslegen. Den Teig auf einer bemehlten Arbeitsfläche ca. 5 mm dick ausrollen. Mit der Ausstechform 20 Brezeln ausstechen und auf das Blech legen. Das Eigelb mit Milch verrühren. Die Brezeln damit bestreichen und mit Sesamsamen bestreuen. Die Brezeln im Ofen (Mitte) 15–18 Min. backen. Herausnehmen, auf einem Kuchengitter abkühlen lassen und in einer gut verschließbaren Dose aufbewahren.

Tipp – Brezeln selber drehen

Wer keine Brezel-Ausstechform zur Hand hat, kann die Brezeln selbst drehen. Den Teig zu 25–30 cm langen bleistiftdünnen Rollen formen, aus den Teigrollen Brezeln drehen. Dann wie beschrieben bestreuen und backen.

Variante Parmesan-Chips

Für ca. 75 Stück 125 g Mehl mit 1/4 TL Salz, 1/2 TL Chilipulver und 50 g frisch geriebenen Parmesan auf eine Arbeitsfläche häufen und mischen. 50 g Butter in Flöckchen, 1 Ei und 50 g Sahne dazugeben und rasch zu einem glatten Teig verkneten. Den Teig zu einer Rolle (ca. 5 cm Ø) formen, in Klarsichtfolie wickeln und 40 Min. ins Tiefkühlfach legen. Den Backofen auf 200° (Umluft 180°) vorheizen. Das Backblech mit Backpapier auslegen. Die Teigrolle in 75 etwa 1–2 mm dünne Scheiben schneiden und auf das Blech legen. Im Backofen (Mitte) 6–8 Min. backen, bis die Ränder goldbraun sind.

im Bild Käse-Nuss-Brezeln

Focaccia

für die große Runde

ZUBEREITUNG 30 Min.
GEHEN 1 Std. 30 Min.
BACKEN 20 Min.
PRO STÜCK 130 kcal

ZUTATEN für ca. 20 Stück
500 g Mehl | 1 TL Salz
1/2 Würfel frische Hefe (21 g) | 1/2 TL Zucker
8 EL Olivenöl | 2 Zweige Rosmarin
100 g grüne Oliven ohne Stein

1 Das Mehl mit Salz in einer Schüssel mischen. Die Hefe zerbröckeln, mit Zucker und 2 EL lauwarmem Wasser verrühren und 10 Min. gehen lassen, bis sich das Volumen verdoppelt hat und sich an der Oberfläche kleine Bläschen bilden.

2 Die Hefemischung in die Schüssel zum Mehl geben. 225 ml lauwarmes Wasser und 6 EL Olivenöl dazugeben und mit den Händen zu einem glatten Teig verkneten. Auf eine bemehlte Arbeitsfläche geben und 3–4 Min. durchkneten. Den Teig mit 1 EL Olivenöl bestreichen, wieder in die Schüssel legen und zugedeckt an einem warmen Ort ca. 1 Std. gehen lassen.

3 Den Rosmarin waschen und trocken schütteln, die Nadeln grob hacken. Die Oliven in Scheiben schneiden. Den Hefeteig nochmals durchkneten. Den Rosmarin und die Oliven unterkneten. Das Backblech mit Öl bestreichen. Den Teig zu einem länglichen Fladen formen und auf das Blech legen. Den Fladen mit einem Tuch bedecken und ca. 20 Min. gehen lassen.

4 Den Backofen auf 220° (Umluft 200°) vorheizen. Den Fladen mit einem Messer an der Oberfläche kreuzweise einritzen. Mit 1 EL Öl bestreichen. Im Backofen (Mitte) in 15–20 Min. goldbraun backen. Herausnehmen, abkühlen lassen und in Stücke schneiden.

Varianten

Den Teigfladen vor dem Backen mit Meersalz und Rosmarinnadeln bestreuen. Oder 30 g Parmesan mit dem Sparschäler in Späne hobeln und vor dem Backen in den Teigfladen drücken. Statt der grünen Oliven können Sie auch schwarze Oliven in Scheiben mit dem Teig verkneten.

Mini-Speckgugelhupf

ideal für ein Picknick im Schnee

ZUBEREITUNG 30 Min.
GEHEN 55 Min.
BACKEN 25 Min.
PRO STÜCK 310 kcal

ZUTATEN für 1 Mini-Gugelhupfform (mit 12 Vertiefungen)
500 g Mehl | 1 TL Salz
1 Würfel frische Hefe (42 g)
4 EL neutrales Öl
200 g Frühstücksspeck in Scheiben (Bacon)
1 Gemüsezwiebel
50 g Butter
Pfeffer
frisch geriebene Muskatnuss

1 Das Mehl mit Salz in eine Schüssel geben. Die Hefe zerbröckeln und mit 1/4 l lauwarmen Wasser verrühren. Die aufgelöste Hefe und 3 EL Öl zum Mehl geben. Alles mit den Händen zu einem glatten und geschmeidigen Teig verkneten. Den Teig zugedeckt an einem warmen Ort ca. 30 Min. gehen lassen.

2 Den Speck zuerst in schmale Streifen, dann in kleine Würfel schneiden. Die Zwiebel schälen und winzig klein würfeln. Das restliche Öl erhitzen, die Speckwürfel darin knusprig braun braten, dann herausnehmen. Die Zwiebel in das verbliebene Fett geben und glasig dünsten.

3 Die Butter schmelzen lassen. Den Hefeteig nochmals kurz durchkneten. Mit Speck, Zwiebel, Butter, Pfeffer und Muskat zu einem glatten elastischen Teig verkneten. Den Teig zugedeckt weitere 25 Min. gehen lassen.

4 Den Backofen auf 180° (Umluft 160°) vorheizen. Die Form mit Butter einfetten. Den Teig nochmals durchkneten, in 12 Stücke teilen und in die Vertiefungen der Form geben. Im Backofen (Mitte) ca. 20 Min. backen. Das Gebäck herausnehmen, leicht abkühlen lassen, dann aus der Form lösen und ganz abkühlen lassen.

Tipp

Die Minikuchen lassen sich gut vorbereiten und einfrieren. Vor dem Gebrauch den Backofen auf 100° (Umluft 80°) vorheizen und die kleinen Kuchen darin in ca. 10 Min. auftauen lassen.

im Bild hinten Focaccia ◆ *im Bild vorne* Mini-Speckgugelhupf

Register

Tipps, Tricks und Adressen

Temperatur der Zutaten

Während beim Hefe- und Rührteig alle verwendeten Zutaten mollig warm sein sollten (Eier, Butter und Milch rechtzeitig in der Küche Raumtemperatur annehmen lassen!), damit das Gelingen garantiert ist, liebt es der Mürbeteig kalt: Eier und Butter sollten direkt aus dem Kühlschrank kommen. Auch bei der Zubereitung von Fleisch- oder Fischfarcen sollten die Zutaten schön kalt sein, damit die Masse später beim Garen gut bindet.

Gut in Form

Kasten- und Springformen am besten mit Backpapier auskleiden. So bekommt man jeden Kuchen problemlos im ganzen Stück aus der Form. Wer mag, kann aber die Form im alten Stil mit Butter einfetten und mit Mehl ausstreuen, was bei einer Gugelhupfform ein Muss ist. Neumodische Alternative: Trenn-Fettspray, mit dem auch die kleinsten Ritzen eingesprüht werden können.

Mürbeteigplätzchen in 1-a-Qualität

Mürbeteig auf einer leicht mit Mehl bestäubten Arbeitsfläche (auch Arbeitsbrett oder Backmatte) ausrollen, dabei immer wieder mit einer langen Palette lösen, damit der Teig nicht anklebt. Dann aus dem ausgerollten Teig mit einer Ausstechform Plätzchen ausstechen, dabei den Ausstecher immer wieder in Mehl tauchen, damit kein Teig daran kleben bleibt. Wichtig: Große Mengen Mürbeteig portionsweise verarbeiten, damit er nicht zu warm wird und das Backergebnis leidet. Übrigen Teig zwischendurch in den Kühlschrank legen.

Ein heißes Wasserbad vorbereiten

Dafür einen weiten, flachen Topf, in den eine Metallschüssel passt, knapp zur Hälfte mit Wasser füllen und erhitzen – meistens bis kurz vor dem Sieden. Die Schüssel samt Inhalt (z. B. Eier und Zucker oder Schokolade) in den Topf hängen, die Zutaten nach Rezept verarbeiten.

Schokolade richtig schmelzen

Schokolade oder Kuvertüre fein hacken, in eine kleine Schüssel geben und über dem nicht zu heißen Wasserbad langsam schmelzen lassen (sie sollte keinesfalls heißer als 50° werden; eventuell mit dem Digital-Küchenthermometer die Temperatur im Auge behalten), dabei gelegentlich umrühren. Schokolade oder Kuvertüre etwas abkühlen lassen, dann nochmals kurz erwärmen (30–33°).

Spritztütchen selbst gemacht

Ein Stück nicht zu dünnes Pergamentpapier (DIN A4) diagonal halbieren. Ein Papierdreieck so auf den Tisch legen, dass die längste Seite links liegt und gerade nach unten verläuft. Von der unteren Ecke her das Papier so eindrehen, dass ein Tütchen entsteht, dabei die Spitze des Tütchens in der Mitte der Längsseite platzieren und möglichst geschlossen halten. Zum Schluss überstehende Ecken am oberen Tütchenrand nach innen einschlagen. Fertig! Zweites Tütchen auf Vorrat formen. Jetzt kann die geschmolzene Schokolade oder die Zuckerglasur eingefüllt werden (die Tütchen nur halb voll machen!), Tütchen oben verschließen. Ein kleines Stück Spitze abschneiden, Schokolade oder Glasur aufs Gebäck malen.

Adressen im Internet

Backzubehör aller Art

www.tortissimo.de
www.back-art.ch
www.backwerkstatt.com
www.daskleinelaedchen.de
www.backwelt.at
www.backfieber.de
www.backfun.de
www.hobbybaecker.de

Küchenutensilien, Verpackungs- und Deko-Material

www.glaeserundflaschen.de
www.flaschenland.de
www.eflaschen.com
www.weck.de
www.raeuchergut.de
www.glas-shop.com
http://basteln-de.buttinette.com
www.packplan.de
www.scheffauer-holzwaren.com
www.dosenprofi.com
www.korbwerkstatt.de

Einfach einladend

Rezepte, mit denen es sich entspannt feiern und genießen lässt

ISBN 978-3-8338-1580-5

ISBN 978-3-8338-0688-9

ISBN 978-3-8338-1062-6

Das macht sie so besonders:

- Kreative Rezepte, mit denen Sie Ihre Gäste überraschen werden
- Stimmungsvolle Rezeptbilder, die Lust auf mehr machen
- Tipps und Infos, die müheloses Gelingen garantieren

G|U

Willkommen im Leben.

küchengötter.de
powered by G|U

Einfach göttlich kochen und himmlisch speisen? Die passenden Rezepte, Küchentipps und -tricks in Wort und Film finden Sie ganz einfach unter: **www.küchengötter.de**

Impressum

Die Autorinnen

Christina Kempe kocht und bäckt leidenschaftlich gern. Schon als Kind hat sie mit in die Töpfe geguckt. Die entsprechende Kochausbildung folgte. Und steht sie gerade mal nicht am Herd, schreibt, gestaltet und lektoriert sie Bücher in ihrem Münchner Redaktionsbüro. Oder sie macht als Foodstylistin Kuchen und Plätzchen schick für die Kamera. Von ihr sind bereits etliche Bücher bei GRÄFE UND UNZER erschienen.
Christa Schmedes arbeitet seit vielen Jahren für namhafte Zeitschriften- und Buchverlage und als Stylistin in den Studios bekannter Foodfotografen. Seit 1993 schreibt sie als freie Autorin Bücher zum Thema Kochen und Backen. Ihre besondere Stärke dabei ist es, mit wenigen Zutaten immer wieder neue Rezepte zu entwickeln.
Beide Autorinnen lieben es, ihre Familien, Freunde und Kollegen kulinarisch zu verwöhnen. Ihre langjährigen Erfahrungen geben Sie mit diesem Buch an Sie weiter und wünschen Ihnen viel Freude beim Ausprobieren und gelungene Back- und Kochergebnisse.

Der Fotograf

Klaus-Maria Einwanger macht als Foodartfactory mit Leidenschaft aus Essen Kunst. Er setzt Foodthemen in Lifestyle um und schafft eine Atmosphäre, die Lust auf mehr macht. Die stimmungsvollen Bilder entstehen in seinen Studios im Münchner Süden und in London.
Unterstützt wurde er von Monika Schuster und Anka Köhler, die für das Foodstyling verantwortlich waren. Rund um Ausstattung und Styling bewies Alexandra Holzer ihr Können. Fotoassistenten waren Sandra Mayer, Toni Maier und Max Wohllaib. Ein herzliches Dankeschön auch an alle anderen, die dem Team außerdem tatkräftig zur Seite standen.

Redaktion: Tanja Dusy

Lektorat: Maryna Zimdars, Redaktionsbüro München

Korrektorat: Mischa Gallé

Layout, Typografie und Umschlaggestaltung: independent Medien-Design, München

Herstellung: Petra Roth

Satz: Knipping Werbung GmbH, Berg bei Starnberg

Reproduktion: Longo AG, Bozen

Druck: Firmengruppe APPL, aprinta druck, Wemding

Bindung: Conzella, Pfarrkirchen

Bildnachweis: Klaus-Maria Einwanger, Rosenheim

ISBN 978-3-8338-1676-5

1. Auflage 2009

Unsere Garantie

Alle Informationen in diesem Ratgeber sind sorgfältig und gewissenhaft geprüft. Sollte dennoch einmal ein Fehler enthalten sein, schicken Sie uns das Buch mit dem entsprechenden Hinweis an unseren Leserservice zurück. Wir tauschen Ihnen den GU-Ratgeber gegen einen anderen zum gleichen oder einem ähnlichen Thema um.

Liebe Leserin und lieber Leser,

wir freuen uns, dass Sie sich für ein GU-Buch entschieden haben. Mit Ihrem Kauf setzen Sie auf die Qualität, Kompetenz und Aktualität unserer Ratgeber. Dafür sagen wir Danke!
Wir wollen als führender Ratgeberverlag noch besser werden. Daher ist uns Ihre Meinung wichtig. Bitte senden Sie uns Ihre Anregungen, Ihre Kritik oder Ihr Lob zu unseren Büchern. Haben Sie Fragen oder benötigen Sie weiteren Rat zum Thema? Wir freuen uns auf Ihre Nachricht!

Wir sind für Sie da!
Montag – Donnerstag: 8.00 – 18.00 Uhr;
Freitag: 8.00 – 16.00 Uhr
Tel.: 0180 - 5 00 50 54*
Fax: 0180 - 5 01 20 54*
*(0,14 €/Min. aus dem dt. Festnetz/Mobilfunkpreise können abweichen.)
E-Mail: leserservice@graefe-und-unzer.de

P.S.: Wollen Sie noch mehr Aktuelles von GU wissen, dann abonnieren Sie doch unseren kostenlosen GU-Online-Newsletter und/oder unsere kostenlosen Kundenmagazine.

GRÄFE UND UNZER VERLAG
Leserservice | Postfach 86 03 13 | 81630 München

GRÄFE UND UNZER

Ein Unternehmen der
GANSKE VERLAGSGRUPPE